中华人民共和国
新法规汇编

2024
第3辑

司法部 编

中国法制出版社

编辑说明

一、《中华人民共和国新法规汇编》是国家出版的法律、行政法规汇编正式版本，是刊登报国务院备案并予以登记的部门规章的指定出版物。

二、本汇编收集的内容包括：上一个月内由全国人民代表大会及其常务委员会通过的法律和有关法律问题的决定，国务院公布的行政法规和国务院文件，报国务院备案并予以登记的部门规章，最高人民法院和最高人民检察院公布的司法解释。另外，还收入了上一个月内报国务院备案并予以登记的地方性法规和地方政府规章目录。

三、本汇编收集的内容，按下列分类顺序编排：法律，行政法规，国务院文件，国务院部门规章，司法解释。每类中按公布的时间顺序排列。报国务院备案并予以登记的地方性法规和地方政府规章目录按1987年国务院批准的行政区划顺序排列；同一行政区域报备两件以上者，按公布时间顺序排列。

四、本汇编每年出版12辑，每月出版1辑。本辑为2024年度第3辑，收入2024年2月份内公布的法律1件、国务院文件3件、报国务院备案并经审查予以登记编号的部门规章9件，共计13件。

五、本汇编在编辑出版过程中，得到了国务院有关部门和有关方面以及广大读者的大力支持和协助，在此谨致谢意。

司法部
2024年3月

目 录

编辑说明 ……………………………………………………… (1)

法　律

中华人民共和国保守国家秘密法 ……………………………… (1)

国务院文件

国务院办公厅关于加快构建废弃物循环利用体系的意见 ……… (11)
国务院关于进一步规范和监督罚款设定与实施的指导意见 …… (16)
国务院办公厅关于印发《扎实推进高水平对外开放更大力度吸引
　和利用外资行动方案》的通知 ……………………………… (21)

国务院部门规章

国家发展改革委关于修改部分规章的决定 …………………… (25)
　电力设施保护条例实施细则 ………………………………… (59)
　电网运行规则（试行） ……………………………………… (63)
　供用电监督管理办法 ………………………………………… (69)
　电力监管报告编制发布规定 ………………………………… (72)
　供电监管办法 ………………………………………………… (75)
　电力并网互联争议处理规定 ………………………………… (81)
　电力监管机构现场检查规定 ………………………………… (84)
　电力企业信息披露规定 ……………………………………… (86)
　电力业务许可证管理规定 …………………………………… (90)
社会组织名称管理办法 ………………………………………… (97)
交通运输工程施工单位主要负责人、项目负责人和专职安全生产
　管理人员安全生产考核管理办法 …………………………… (101)
交通运输工程监理工程师注册管理办法 ……………………… (105)
防范和查处假冒企业登记违法行为规定 ……………………… (107)

1

工业和信息化部关于修改部分规章的决定……………………(111)
　　电信设备进网管理办法………………………………………(112)
　　非经营性互联网信息服务备案管理办法……………………(118)
民用航空危险品运输管理规定…………………………………(122)
财政部关于公布废止和失效的财政规章和规范性文件目录（第十
　　四批）的决定…………………………………………………(138)
城乡规划编制单位资质管理办法………………………………(219)

附：
2024年2月份报国务院备案并予以登记的地方性法规、自治条
　　例、单行条例和地方政府规章目录…………………………(226)

法　律

中华人民共和国保守国家秘密法

(1988年9月5日第七届全国人民代表大会常务委员会第三次会议通过　2010年4月29日第十一届全国人民代表大会常务委员会第十四次会议第一次修订　2024年2月27日第十四届全国人民代表大会常务委员会第八次会议第二次修订　2024年2月27日中华人民共和国主席令第20号公布　自2024年5月1日起施行)

目　录

第一章　总　则
第二章　国家秘密的范围和密级
第三章　保密制度
第四章　监督管理
第五章　法律责任
第六章　附　则

第一章　总　则

第一条　为了保守国家秘密,维护国家安全和利益,保障改革开放和社会主义现代化建设事业的顺利进行,根据宪法,制定本法。

第二条　国家秘密是关系国家安全和利益,依照法定程序确定,在一定时间内只限一定范围的人员知悉的事项。

第三条　坚持中国共产党对保守国家秘密(以下简称保密)工作的领导。中央保密工作领导机构领导全国保密工作,研究制定、指导实施国家保密工作战略和重大方针政策,统筹协调国家保密重大事项和重要工作,推进国家保密法治建设。

第四条　保密工作坚持总体国家安全观,遵循党管保密、依法管理,积极防范、突出重点、技管并重、创新发展的原则,既确保国家秘密安全,又便利信息资源合理利用。

法律、行政法规规定公开的事项,应当依法公开。

第五条 国家秘密受法律保护。

一切国家机关和武装力量、各政党和各人民团体、企业事业组织和其他社会组织以及公民都有保密的义务。

任何危害国家秘密安全的行为,都必须受到法律追究。

第六条 国家保密行政管理部门主管全国的保密工作。县级以上地方各级保密行政管理部门主管本行政区域的保密工作。

第七条 国家机关和涉及国家秘密的单位(以下简称机关、单位)管理本机关和本单位的保密工作。

中央国家机关在其职权范围内管理或者指导本系统的保密工作。

第八条 机关、单位应当实行保密工作责任制,依法设置保密工作机构或者指定专人负责保密工作,健全保密管理制度,完善保密防护措施,开展保密宣传教育,加强保密监督检查。

第九条 国家采取多种形式加强保密宣传教育,将保密教育纳入国民教育体系和公务员教育培训体系,鼓励大众传播媒介面向社会进行保密宣传教育,普及保密知识,宣传保密法治,增强全社会的保密意识。

第十条 国家鼓励和支持保密科学技术研究和应用,提升自主创新能力,依法保护保密领域的知识产权。

第十一条 县级以上人民政府应当将保密工作纳入本级国民经济和社会发展规划,所需经费列入本级预算。

机关、单位开展保密工作所需经费应当列入本机关、本单位年度预算或者年度收支计划。

第十二条 国家加强保密人才培养和队伍建设,完善相关激励保障机制。

对在保守、保护国家秘密工作中做出突出贡献的组织和个人,按照国家有关规定给予表彰和奖励。

第二章 国家秘密的范围和密级

第十三条 下列涉及国家安全和利益的事项,泄露后可能损害国家在政治、经济、国防、外交等领域的安全和利益的,应当确定为国家秘密:

(一)国家事务重大决策中的秘密事项;

(二)国防建设和武装力量活动中的秘密事项;

(三)外交和外事活动中的秘密事项以及对外承担保密义务的秘密事项;
(四)国民经济和社会发展中的秘密事项;
(五)科学技术中的秘密事项;
(六)维护国家安全活动和追查刑事犯罪中的秘密事项;
(七)经国家保密行政管理部门确定的其他秘密事项。
政党的秘密事项中符合前款规定的,属于国家秘密。

第十四条 国家秘密的密级分为绝密、机密、秘密三级。

绝密级国家秘密是最重要的国家秘密,泄露会使国家安全和利益遭受特别严重的损害;机密级国家秘密是重要的国家秘密,泄露会使国家安全和利益遭受严重的损害;秘密级国家秘密是一般的国家秘密,泄露会使国家安全和利益遭受损害。

第十五条 国家秘密及其密级的具体范围(以下简称保密事项范围),由国家保密行政管理部门单独或者会同有关中央国家机关规定。

军事方面的保密事项范围,由中央军事委员会规定。

保密事项范围的确定应当遵循必要、合理原则,科学论证评估,并根据情况变化及时调整。保密事项范围的规定应当在有关范围内公布。

第十六条 机关、单位主要负责人及其指定的人员为定密责任人,负责本机关、本单位的国家秘密确定、变更和解除工作。

机关、单位确定、变更和解除本机关、本单位的国家秘密,应当由承办人提出具体意见,经定密责任人审核批准。

第十七条 确定国家秘密的密级,应当遵守定密权限。

中央国家机关、省级机关及其授权的机关、单位可以确定绝密级、机密级和秘密级国家秘密;设区的市级机关及其授权的机关、单位可以确定机密级和秘密级国家秘密;特殊情况下无法按照上述规定授权定密的,国家保密行政管理部门或者省、自治区、直辖市保密行政管理部门可以授予机关、单位定密权限。具体的定密权限、授权范围由国家保密行政管理部门规定。

下级机关、单位认为本机关、本单位产生的有关定密事项属于上级机关、单位的定密权限,应当先行采取保密措施,并立即报请上级机关、单位确定;没有上级机关、单位的,应当立即提请有相应定密权限的业务主管部门或者保密行政管理部门确定。

公安机关、国家安全机关在其工作范围内按照规定的权限确定国家秘密的密级。

第十八条 机关、单位执行上级确定的国家秘密事项或者办理其他机关、单位确定的国家秘密事项,需要派生定密的,应当根据所执行、办理的国家秘密事项的密级确定。

第十九条 机关、单位对所产生的国家秘密事项,应当按照保密事项范围的规定确定密级,同时确定保密期限和知悉范围;有条件的可以标注密点。

第二十条 国家秘密的保密期限,应当根据事项的性质和特点,按照维护国家安全和利益的需要,限定在必要的期限内;不能确定期限的,应当确定解密的条件。

国家秘密的保密期限,除另有规定外,绝密级不超过三十年,机密级不超过二十年,秘密级不超过十年。

机关、单位应当根据工作需要,确定具体的保密期限、解密时间或者解密条件。

机关、单位对在决定和处理有关事项工作过程中确定需要保密的事项,根据工作需要决定公开的,正式公布时即视为解密。

第二十一条 国家秘密的知悉范围,应当根据工作需要限定在最小范围。

国家秘密的知悉范围能够限定到具体人员的,限定到具体人员;不能限定到具体人员的,限定到机关、单位,由该机关、单位限定到具体人员。

国家秘密的知悉范围以外的人员,因工作需要知悉国家秘密的,应当经过机关、单位主要负责人或者其指定的人员批准。原定密机关、单位对扩大国家秘密的知悉范围有明确规定的,应当遵守其规定。

第二十二条 机关、单位对承载国家秘密的纸介质、光介质、电磁介质等载体(以下简称国家秘密载体)以及属于国家秘密的设备、产品,应当作出国家秘密标志。

涉及国家秘密的电子文件应当按照国家有关规定作出国家秘密标志。

不属于国家秘密的,不得作出国家秘密标志。

第二十三条 国家秘密的密级、保密期限和知悉范围,应当根据情况变化及时变更。国家秘密的密级、保密期限和知悉范围的变更,由原定密机关、单位决定,也可以由其上级机关决定。

国家秘密的密级、保密期限和知悉范围变更的,应当及时书面通知知悉范围内的机关、单位或者人员。

第二十四条 机关、单位应当每年审核所确定的国家秘密。

国家秘密的保密期限已满的,自行解密。在保密期限内因保密事项范围调整不再作为国家秘密,或者公开后不会损害国家安全和利益,不需要继续保密的,应当及时解密;需要延长保密期限的,应当在原保密期限届满前重新确定密级、保密期限和知悉范围。提前解密或者延长保密期限的,由原定密机关、单位决定,也可以由其上级机关决定。

第二十五条 机关、单位对是否属于国家秘密或者属于何种密级不明确或者有争议的,由国家保密行政管理部门或者省、自治区、直辖市保密行政管理部门按照国家保密规定确定。

第三章 保密制度

第二十六条 国家秘密载体的制作、收发、传递、使用、复制、保存、维修和销毁,应当符合国家保密规定。

绝密级国家秘密载体应当在符合国家保密标准的设施、设备中保存,并指定专人管理;未经原定密机关、单位或其上级机关批准,不得复制和摘抄;收发、传递和外出携带,应当指定人员负责,并采取必要的安全措施。

第二十七条 属于国家秘密的设备、产品的研制、生产、运输、使用、保存、维修和销毁,应当符合国家保密规定。

第二十八条 机关、单位应当加强对国家秘密载体的管理,任何组织和个人不得有下列行为:

(一)非法获取、持有国家秘密载体;
(二)买卖、转送或者私自销毁国家秘密载体;
(三)通过普通邮政、快递等无保密措施的渠道传递国家秘密载体;
(四)寄递、托运国家秘密载体出境;
(五)未经有关主管部门批准,携带、传递国家秘密载体出境;
(六)其他违反国家秘密载体保密规定的行为。

第二十九条 禁止非法复制、记录、存储国家秘密。

禁止未按照国家保密规定和标准采取有效保密措施,在互联网及其他公共信息网络或者有线和无线通信中传递国家秘密。

禁止在私人交往和通信中涉及国家秘密。

第三十条 存储、处理国家秘密的计算机信息系统(以下简称涉密信息系统)按照涉密程度实行分级保护。

涉密信息系统应当按照国家保密规定和标准规划、建设、运行、维护,并配备保密设施、设备。保密设施、设备应当与涉密信息系统同步规划、同步建设、同步运行。

涉密信息系统应当按照规定,经检查合格后,方可投入使用,并定期开展风险评估。

第三十一条 机关、单位应当加强对信息系统、信息设备的保密管理,建设保密自监管设施,及时发现并处置安全保密风险隐患。任何组织和个人不得有下列行为：

（一）未按照国家保密规定和标准采取有效保密措施，将涉密信息系统、涉密信息设备接入互联网及其他公共信息网络；

（二）未按照国家保密规定和标准采取有效保密措施，在涉密信息系统、涉密信息设备与互联网及其他公共信息网络之间进行信息交换；

（三）使用非涉密信息系统、非涉密信息设备存储或者处理国家秘密；

（四）擅自卸载、修改涉密信息系统的安全技术程序、管理程序；

（五）将未经安全技术处理的退出使用的涉密信息设备赠送、出售、丢弃或者改作其他用途；

（六）其他违反信息系统、信息设备保密规定的行为。

第三十二条 用于保护国家秘密的安全保密产品和保密技术装备应当符合国家保密规定和标准。

国家建立安全保密产品和保密技术装备抽检、复检制度，由国家保密行政管理部门设立或者授权的机构进行检测。

第三十三条 报刊、图书、音像制品、电子出版物的编辑、出版、印制、发行，广播节目、电视节目、电影的制作和播放，网络信息的制作、复制、发布、传播，应当遵守国家保密规定。

第三十四条 网络运营者应当加强对其用户发布的信息的管理，配合监察机关、保密行政管理部门、公安机关、国家安全机关对涉嫌泄露国家秘密案件进行调查处理；发现利用互联网及其他公共信息网络发布的信息涉嫌泄露国家秘密的，应当立即停止传输该信息，保存有关记录，向保密行政管理部门或者公安机关、国家安全机关报告；应当根据保密行政管理部门或者公安机关、国家安全机关的要求，删除涉及泄露国家秘密的信息，并对有关设备进行技术处理。

第三十五条 机关、单位应当依法对拟公开的信息进行保密审查，遵守国家保密规定。

第三十六条 开展涉及国家秘密的数据处理活动及其安全监管应当符合国家保密规定。

国家保密行政管理部门和省、自治区、直辖市保密行政管理部门会同有关主管部门建立安全保密防控机制，采取安全保密防控措施，防范数据汇聚、关联引发的泄密风险。

机关、单位应当对汇聚、关联后属于国家秘密事项的数据依法加强安全管理。

第三十七条 机关、单位向境外或者向境外在中国境内设立的组织、机构提供国家秘密,任用、聘用的境外人员因工作需要知悉国家秘密的,按照国家有关规定办理。

第三十八条　举办会议或者其他活动涉及国家秘密的,主办单位应当采取保密措施,并对参加人员进行保密教育,提出具体保密要求。

第三十九条　机关、单位应当将涉及绝密级或者较多机密级、秘密级国家秘密的机构确定为保密要害部门,将集中制作、存放、保管国家秘密载体的专门场所确定为保密要害部位,按照国家保密规定和标准配备、使用必要的技术防护设施、设备。

第四十条　军事禁区、军事管理区和属于国家秘密不对外开放的其他场所、部位,应当采取保密措施,未经有关部门批准,不得擅自决定对外开放或者扩大开放范围。

涉密军事设施及其他重要涉密单位周边区域应当按照国家保密规定加强保密管理。

第四十一条　从事涉及国家秘密业务的企业事业单位,应当具备相应的保密管理能力,遵守国家保密规定。

从事国家秘密载体制作、复制、维修、销毁,涉密信息系统集成,武器装备科研生产,或者涉密军事设施建设等涉及国家秘密业务的企业事业单位,应当经过审查批准,取得保密资质。

第四十二条　采购涉及国家秘密的货物、服务的机关、单位,直接涉及国家秘密的工程建设、设计、施工、监理等单位,应当遵守国家保密规定。

机关、单位委托企业事业单位从事涉及国家秘密的业务,应当与其签订保密协议,提出保密要求,采取保密措施。

第四十三条　在涉密岗位工作的人员(以下简称涉密人员),按照涉密程度分为核心涉密人员、重要涉密人员和一般涉密人员,实行分类管理。

任用、聘用涉密人员应当按照国家有关规定进行审查。

涉密人员应当具有良好的政治素质和品行,经过保密教育培训,具备胜任涉密岗位的工作能力和保密知识技能,签订保密承诺书,严格遵守国家保密规定,承担保密责任。

涉密人员的合法权益受法律保护。对因保密原因合法权益受到影响和限制的涉密人员,按照国家有关规定给予相应待遇或者补偿。

第四十四条　机关、单位应当建立健全涉密人员管理制度,明确涉密人员的权利、岗位责任和要求,对涉密人员履行职责情况开展经常性的监督检查。

第四十五条　涉密人员出境应当经有关部门批准,有关机关认为涉密人员出境将对国家安全造成危害或者对国家利益造成重大损失的,不得批准出境。

第四十六条 涉密人员离岗离职应当遵守国家保密规定。机关、单位应当开展保密教育提醒,清退国家秘密载体,实行脱密期管理。涉密人员在脱密期内,不得违反规定就业和出境,不得以任何方式泄露国家秘密;脱密期结束后,应当遵守国家保密规定,对知悉的国家秘密继续履行保密义务。涉密人员严重违反离岗离职及脱密期国家保密规定的,机关、单位应当及时报告同级保密行政管理部门,由保密行政管理部门会同有关部门依法采取处置措施。

第四十七条 国家工作人员或者其他公民发现国家秘密已经泄露或者可能泄露时,应当立即采取补救措施并及时报告有关机关、单位。机关、单位接到报告后,应当立即作出处理,并及时向保密行政管理部门报告。

第四章 监督管理

第四十八条 国家保密行政管理部门依照法律、行政法规的规定,制定保密规章和国家保密标准。

第四十九条 保密行政管理部门依法组织开展保密宣传教育、保密检查、保密技术防护、保密违法案件调查处理工作,对保密工作进行指导和监督管理。

第五十条 保密行政管理部门发现国家秘密确定、变更或者解除不当的,应当及时通知有关机关、单位予以纠正。

第五十一条 保密行政管理部门依法对机关、单位遵守保密法律法规和相关制度的情况进行检查;涉嫌保密违法的,应当及时调查处理或者组织、督促有关机关、单位调查处理;涉嫌犯罪的,应当依法移送监察机关、司法机关处理。

对严重违反国家保密规定的涉密人员,保密行政管理部门应当建议有关机关、单位将其调离涉密岗位。

有关机关、单位和个人应当配合保密行政管理部门依法履行职责。

第五十二条 保密行政管理部门在保密检查和案件调查处理中,可以依法查阅有关材料、询问人员、记录情况,先行登记保存有关设施、设备、文件资料等;必要时,可以进行保密技术检测。

保密行政管理部门对保密检查和案件调查处理中发现的非法获取、持有的国家秘密载体,应当予以收缴;发现存在泄露国家秘密隐患的,应当要求采取措施,限期整改;对存在泄露国家秘密隐患的设施、设备、场所,应当责令停止使用。

第五十三条 办理涉嫌泄露国家秘密案件的机关,需要对有关事项是否属于国家秘密、属于何种密级进行鉴定的,由国家保密行政管理部门或者省、自治区、直辖市保密行政管理部门鉴定。

第五十四条　机关、单位对违反国家保密规定的人员不依法给予处分的,保密行政管理部门应当建议纠正;对拒不纠正的,提请其上一级机关或者监察机关对该机关、单位负有责任的领导人员和直接责任人员依法予以处理。

第五十五条　设区的市级以上保密行政管理部门建立保密风险评估机制、监测预警制度、应急处置制度,会同有关部门开展信息收集、分析、通报工作。

第五十六条　保密协会等行业组织依照法律、行政法规的规定开展活动,推动行业自律,促进行业健康发展。

第五章　法律责任

第五十七条　违反本法规定,有下列情形之一,根据情节轻重,依法给予处分;有违法所得的,没收违法所得:

(一)非法获取、持有国家秘密载体的;

(二)买卖、转送或者私自销毁国家秘密载体的;

(三)通过普通邮政、快递等无保密措施的渠道传递国家秘密载体的;

(四)寄递、托运国家秘密载体出境,或者未经有关主管部门批准,携带、传递国家秘密载体出境的;

(五)非法复制、记录、存储国家秘密的;

(六)在私人交往和通信中涉及国家秘密的;

(七)未按照国家保密规定和标准采取有效保密措施,在互联网及其他公共信息网络或者有线和无线通信中传递国家秘密的;

(八)未按照国家保密规定和标准采取有效保密措施,将涉密信息系统、涉密信息设备接入互联网及其他公共信息网络的;

(九)未按照国家保密规定和标准采取有效保密措施,在涉密信息系统、涉密信息设备与互联网及其他公共信息网络之间进行信息交换的;

(十)使用非涉密信息系统、非涉密信息设备存储、处理国家秘密的;

(十一)擅自卸载、修改涉密信息系统的安全技术程序、管理程序的;

(十二)将未经安全技术处理的退出使用的涉密信息设备赠送、出售、丢弃或者改作其他用途的;

(十三)其他违反本法规定的情形。

有前款情形尚不构成犯罪,且不适用处分的人员,由保密行政管理部门督促其所在机关、单位予以处理。

第五十八条 机关、单位违反本法规定,发生重大泄露国家秘密案件的,依法对直接负责的主管人员和其他直接责任人员给予处分。不适用处分的人员,由保密行政管理部门督促其主管部门予以处理。

机关、单位违反本法规定,对应当定密的事项不定密,对不应当定密的事项定密,或者未履行解密审核责任,造成严重后果的,依法对直接负责的主管人员和其他直接责任人员给予处分。

第五十九条 网络运营者违反本法第三十四条规定的,由公安机关、国家安全机关、电信主管部门、保密行政管理部门按照各自职责分工依法予以处罚。

第六十条 取得保密资质的企业事业单位违反国家保密规定的,由保密行政管理部门责令限期整改,给予警告或者通报批评;有违法所得的,没收违法所得;情节严重的,暂停涉密业务、降低资质等级;情节特别严重的,吊销保密资质。

未取得保密资质的企业事业单位违法从事本法第四十一条第二款规定的涉密业务的,由保密行政管理部门责令停止涉密业务,给予警告或者通报批评;有违法所得的,没收违法所得。

第六十一条 保密行政管理部门的工作人员在履行保密管理职责中滥用职权、玩忽职守、徇私舞弊的,依法给予处分。

第六十二条 违反本法规定,构成犯罪的,依法追究刑事责任。

第六章 附 则

第六十三条 中国人民解放军和中国人民武装警察部队开展保密工作的具体规定,由中央军事委员会根据本法制定。

第六十四条 机关、单位对履行职能过程中产生或者获取的不属于国家秘密但泄露后会造成一定不利影响的事项,适用工作秘密管理办法采取必要的保护措施。工作秘密管理办法另行规定。

第六十五条 本法自2024年5月1日起施行。

国务院文件

国务院办公厅关于加快构建
废弃物循环利用体系的意见

(2024年2月6日　国办发〔2024〕7号)

构建废弃物循环利用体系是实施全面节约战略、保障国家资源安全、积极稳妥推进碳达峰碳中和、加快发展方式绿色转型的重要举措。为加快构建废弃物循环利用体系,经国务院同意,现提出如下意见。

一、总体要求

加快构建废弃物循环利用体系,要以习近平新时代中国特色社会主义思想为指导,深入贯彻党的二十大精神,全面贯彻习近平生态文明思想,完整、准确、全面贯彻新发展理念,加快构建新发展格局,着力推动高质量发展,遵循减量化、再利用、资源化的循环经济理念,以提高资源利用效率为目标,以废弃物精细管理、有效回收、高效利用为路径,覆盖生产生活各领域,发展资源循环利用产业,健全激励约束机制,加快构建覆盖全面、运转高效、规范有序的废弃物循环利用体系,为高质量发展厚植绿色低碳根基,助力全面建设美丽中国。

——系统谋划、协同推进。立足我国新型工业化和城镇化进程,系统推进各领域废弃物循环利用工作,着力提升废弃物循环利用各环节能力水平。加强废弃物循环利用政策协同、部门协同、区域协同、产业协同,强化政策机制配套衔接。

——分类施策、精准发力。根据各类废弃物来源、规模、资源价值、利用方式、生态环境影响等特性,分类明确废弃物循环利用主体责任和技术路径,因地制宜布局资源循环利用产业,提高废弃物循环利用体系运转效率。

——创新驱动、提质增效。发挥创新引领作用,加强废弃物循环利用科技创新、模式创新和机制创新,不断开辟新领域、塑造新动能,拓展废弃物循环利用方式,丰富废弃物循环利用品类,提升废弃物循环利用价值。

——政府引导、市场主导。充分发挥市场在资源配置中的决定性作用,更好发挥政府作用,建立有利于废弃物循环利用的政策体系和激励约束机制,激发各类经营主体活力,引导全民参与,增强废弃物循环利用的内生动力。

到2025年,初步建成覆盖各领域、各环节的废弃物循环利用体系,主要废弃物循环利用取得积极进展。尾矿、粉煤灰、煤矸石、冶炼渣、工业副产石膏、建筑垃圾、秸秆等大宗固体废弃物年利用量达到40亿吨,新增大宗固体废弃物综合利用率达到60%。废钢铁、废铜、废铝、废铅、废锌、废纸、废塑料、废橡胶、废玻璃等主要再生资源年利用量达到4.5亿吨。资源循环利用产业年产值达到5万亿元。

到2030年,建成覆盖全面、运转高效、规范有序的废弃物循环利用体系,各类废弃物资源价值得到充分挖掘,再生材料在原材料供给中的占比进一步提升,资源循环利用产业规模、质量显著提高,废弃物循环利用水平总体居于世界前列。

二、推进废弃物精细管理和有效回收

(一)加强工业废弃物精细管理。压实废弃物产生单位主体责任,完善一般工业固体废弃物管理台账制度。推进工业固体废弃物分类收集、分类贮存,防范混堆混排,为资源循环利用预留条件。全面摸底排查历史遗留固体废弃物堆存场,实施分级分类整改,督促贮存量大的企业加强资源循环利用。完善工业废水收集处理设施。鼓励废弃物产生单位与利用单位开展点对点定向合作。

(二)完善农业废弃物收集体系。建立健全畜禽粪污收集处理利用体系,因地制宜建设畜禽粪污集中收集处理、沼渣沼液贮存利用等配套设施。健全秸秆收储运体系,引导秸秆产出大户就地收贮,培育收储运第三方服务主体。指导地方加强农膜、农药与化肥包装、农机具、渔网等废旧农用物资回收。积极发挥供销合作系统回收网络作用。

(三)推进社会源废弃物分类回收。持续推进生活垃圾分类工作。完善废旧家电、电子产品等各类废旧物资回收网络。进一步提升废旧物资回收环节预处理能力。推动生活垃圾分类网点与废旧物资回收网点"两网融合"。因地制宜健全农村废旧物资回收网络。修订建筑垃圾管理规定,完善建筑垃圾管理体系。鼓励公共机构在废旧物资分类回收中发挥示范带头作用。支持"互联网+回收"模式发展。推动有条件的生产、销售企业开展废旧产品逆向物流回收。深入实施家电、电子产品等领域生产者回收目标责任制行动。加强城市园林绿化垃圾回收利用。加快城镇生活污水收集管网建设。

三、提高废弃物资源化和再利用水平

(四)强化大宗固体废弃物综合利用。进一步拓宽大宗固体废弃物综合利用渠道,在符合环境质量标准和要求前提下,加强综合利用产品在建筑领域推广应用,畅通井下充填、生态修复、路基材料等利用消纳渠道,促进尾矿、冶炼渣中有价组分高效提取和清洁利用。加大复杂难用工业固体废弃物规模化利用技术装备研发力度。持续推进秸秆综合利用工作。

(五)加强再生资源高效利用。鼓励废钢铁、废有色金属、废纸、废塑料等再生资源精深加工产业链合理延伸。支持现有再生资源加工利用项目绿色化、机械化、智能化提质改造。鼓励企业和科研机构加强技术装备研发,支持先进技术推广应用。加快推进污水资源化利用,结合现有污水处理设施提标升级、扩能改造,系统规划建设污水再生利用设施,因地制宜实施区域再生水循环利用工程。

(六)引导二手商品交易便利化、规范化。鼓励"互联网+二手"模式发展。支持有条件的地区建设集中规范的二手商品交易市场。完善旧货交易管理制度,研究制定网络旧货交易管理办法,健全旧货评估鉴定行业人才培养和管理机制。出台二手商品交易企业交易平板电脑、手机等电子产品时信息清除方法相关规范,保障旧货交易时出售者信息安全。研究解决旧货转售、翻新等服务或相关商品涉及的知识产权问题。支持符合质量等相关要求的二手车出口。

(七)促进废旧装备再制造。推进汽车零部件、工程机械、机床、文化办公设备等传统领域再制造产业发展,探索在盾构机、航空发动机、工业机器人等新领域有序开展高端装备再制造。推广应用无损检测、增材制造、柔性加工等再制造共性关键技术。在履行告知消费者义务并征得消费者同意的前提下,鼓励汽车零部件再制造产品在售后维修等领域应用。

(八)推进废弃物能源化利用。加快城镇生活垃圾处理设施建设,补齐县级地区生活垃圾焚烧处理能力短板。有序推进厨余垃圾处理设施建设,提升废弃油脂等厨余垃圾能源化、资源化利用水平。因地制宜推进农林生物质能源化开发利用,稳步推进生物质能多元化开发利用。在符合相关法律法规、环境和安全标准,且技术可行、环境风险可控的前提下,有序推进生活垃圾焚烧处理设施协同处置部分固体废弃物。

(九)推广资源循环型生产模式。推进企业内、园区内、产业间能源梯级利用、水资源循环利用、固体废弃物综合利用,加强工业余压余热和废气废液资源化利用。研究制定制造业循环经济发展指南。加强重点行业企业清洁生产审核和结果应用。深入推进绿色矿山建设。推进重点行业生产过程中废气回收和资源化利用。支持二氧化碳资源化利用及固碳技术模式探索应用。深入实施园区循环化改造。积极推进生态工业园区建设。推广种养结合、农牧结合等循环型农业生产模式。

四、加强重点废弃物循环利用

（十）加强废旧动力电池循环利用。加强新能源汽车动力电池溯源管理。组织开展生产者回收目标责任制行动。建立健全动力电池生态设计、碳足迹核算等标准体系，积极参与制定动力电池循环利用国际标准，推动标准规范国际合作互认。大力推动动力电池梯次利用产品质量认证，研究制定废旧动力电池回收拆解企业技术规范。开展清理废旧动力电池"作坊式回收"联合专项检查行动。研究旧动力电池进口管理政策。

（十一）加强低值可回收物循环利用。指导地方完善低值可回收物目录，在生活垃圾分类中不断提高废玻璃、低值废塑料等低值可回收物分类准确率。支持各地将低值可回收物回收利用工作纳入政府购买服务范围。鼓励各地探索采取特许经营等方式推进低值可回收物回收利用。鼓励有条件的地方实行低值可回收物再生利用补贴政策。

（十二）探索新型废弃物循环利用路径。促进退役风电、光伏设备循环利用，建立健全风电和光伏发电企业退役设备处理责任机制。推进数据中心、通信基站等新型基础设施领域废弃物循环利用。研究修订《废弃电器电子产品处理目录》，加强新型电器电子废弃物管理，完善废弃电器电子产品处理资格许可等环境管理配套政策。

五、培育壮大资源循环利用产业

（十三）推动产业集聚化发展。开展"城市矿产"示范基地升级行动，支持大宗固体废弃物综合利用示范基地、工业资源综合利用基地等产业集聚区发展，深入推进废旧物资循环利用体系重点城市建设。落实主体功能区战略，结合生态环境分区管控要求，引导各地根据本地区资源禀赋、产业结构、废弃物特点等情况，优化资源循环利用产业布局。

（十四）培育行业骨干企业。分领域、分区域培育一批技术装备先进、管理运营规范、创新能力突出、引领带动力强的行业骨干企业。鼓励重点城市群、都市圈建立健全区域废弃物协同利用机制，支持布局建设一批区域性废弃物循环利用重点项目。支持国内资源循环利用企业"走出去"，为建设绿色丝绸之路作出积极贡献。引导国有企业在废弃物循环利用工作中发挥骨干和表率作用。

（十五）引导行业规范发展。对废弃电器电子产品、报废机动车、废塑料、废钢铁、废有色金属等再生资源加工利用企业实施规范管理。强化固体废弃物污染环境防治信息化监管，推进固体废弃物全过程监控和信息化追溯。强化废弃物循环利用企业监督管理，确保稳定达标排放。依法查处非法回收拆解报废机动车、废弃电器电子产品等行为。加强再生资源回收行业管理。依法打击再生资源回收、二手商品交易中的违法违规行为。

六、完善政策机制

（十六）完善支持政策。充分利用现有资金渠道加强对废弃物循环利用重点项目建设的支持。落实落细资源综合利用增值税和企业所得税优惠政策。细化贮存或处置固体废弃物的环境保护有关标准要求，综合考虑固体废弃物的环境危害程度、环境保护标准、税收征管工作基础等因素，完善固体废物环境保护税的政策执行口径，加大征管力度，引导工业固体废弃物优先循环利用。有序推行生活垃圾分类计价、计量收费。推广应用绿色信贷、绿色债券、绿色信托等绿色金融工具，引导金融机构按照市场化法治化原则加大对废弃物循环利用项目的支持力度。

（十七）完善用地保障机制。各地要统筹区域内社会源废弃物分类收集、中转贮存等回收设施建设，将其纳入公共基础设施用地范围，保障合理用地需求。鼓励城市人民政府完善资源循环利用项目用地保障机制，在规划中留出一定空间用于保障资源循环利用项目。

（十八）完善科技创新机制。开展资源循环利用先进技术示范工程，动态更新国家工业资源综合利用先进适用工艺技术设备目录。鼓励各地组织废弃物循环利用技术推广对接、交流培训，推动技术成果产业化应用。将废弃物循环利用关键工艺技术装备研发纳入国家重点研发计划相关重点专项支持范围。支持企业与高校、科研院所开展产学研合作。

（十九）完善再生材料推广应用机制。完善再生材料标准体系。研究建立再生材料认证制度，推动国际合作互认。开展重点再生材料碳足迹核算标准与方法研究。建立政府绿色采购需求标准，将更多符合条件的再生材料和产品纳入政府绿色采购范围。结合落实生产者责任延伸制度，开展再生材料应用升级行动，引导汽车、电器电子产品等生产企业提高再生材料使用比例。鼓励企业将再生材料应用情况纳入企业履行社会责任范围。

七、加强组织实施

（二十）加强组织领导。坚持加强党的全面领导和党中央集中统一领导，把党的领导贯彻到加快发展方式绿色转型的各领域全过程，切实加快构建废弃物循环利用体系。各地区各有关部门要完善工作机制，细化目标任务，确保各项政策举措、重点任务落地见效。国家发展改革委要强化统筹协调，及时评估本意见实施情况，会同有关部门以废旧物资循环利用体系建设重点城市、已开展生活垃圾分类工作的城市、"无废城市"为主体，探索开展城市资源循环利用成效评价，加强支持引导。重大事项及时请示报告。

（二十一）抓好宣传引导。将循环经济知识理念纳入有关教育培训体系。

在全国生态日、全国节能宣传周、全国低碳日、环境日等重要时间节点,开展形式多样的宣传教育活动,大力宣传废弃物循环利用的重要意义、相关政策措施。及时总结推广先进经验和典型做法。

(二十二)强化国际合作。积极参与国际循环经济领域议题设置,加强在联合国、世界贸易组织等框架和多边机制中的国际合作。与更多重点国家和地区建立循环经济领域双边合作机制,以政策对话、经贸合作、经验分享、能力建设等形式深化双边合作。

(本文有删减)

国务院关于进一步规范和监督罚款设定与实施的指导意见

(2024年2月9日 国发〔2024〕5号)

行政执法是行政机关履行政府职能、管理经济社会事务的重要方式。行政执法工作面广量大,一头连着政府,一头连着群众,直接关系群众对党和政府的信任、对法治的信心。罚款是较为常见的行政执法行为。为进一步提高罚款规定的立法、执法质量,规范和监督罚款设定与实施,现就行政法规、规章中罚款设定与实施提出以下意见。

一、总体要求

(一)指导思想。以习近平新时代中国特色社会主义思想为指导,深入学习贯彻习近平法治思想,全面贯彻落实党的二十大精神,立足新发展阶段,完整、准确、全面贯彻新发展理念,加快构建新发展格局,严格规范和有力监督罚款设定与实施,强化对违法行为的预防和惩戒作用,提升政府治理能力,维护经济社会秩序,切实保护企业和群众合法权益,优化法治化营商环境,推进国家治理体系和治理能力现代化。

(二)基本原则。坚持党的领导,把坚持和加强党的领导贯穿于规范和监督罚款设定与实施工作的全过程和各方面。坚持以人民为中心,努力让企业和群众在每一个执法行为中都能看到风清气正、从每一项执法决定中都能感受到公平正义。坚持依法行政,按照处罚法定、公正公开、过罚相当、处罚与教育相结合的要求,依法行使权力、履行职责、承担责任。坚持问题导向,着力破解企业和群众反映强烈的乱罚款等突出问题。

（三）主要目标。罚款设定更加科学,罚款实施更加规范,罚款监督更加有力,全面推进严格规范公正文明执法,企业和群众的满意度显著提升。

二、依法科学设定罚款

（四）严守罚款设定权限。法律、法规对违法行为已经作出行政处罚规定但未设定罚款的,规章不得增设罚款。法律、法规已经设定罚款但未规定罚款数额的,或者尚未制定法律、法规,因行政管理迫切需要依法先以规章设定罚款的,规章要在规定的罚款限额内作出具体规定。规章设定的罚款数额不得超过法律、法规对相似违法行为规定的罚款数额,并要根据经济社会发展情况适时调整。鼓励跨行政区域按规定联合制定统一监管制度及标准规范,协同推动罚款数额、裁量基准等相对统一。

（五）科学适用过罚相当原则。行政法规、规章新设罚款和确定罚款数额时,要坚持过罚相当,做到该宽则宽、当严则严,避免失衡。要综合运用各种管理手段,能够通过教育劝导、责令改正、信息披露等方式管理的,一般不设定罚款。实施罚款处罚无法有效进行行政管理时,要依法确定更加适当的处罚种类。设定罚款要结合违法行为的事实、性质、情节以及社会危害程度,统筹考虑经济社会发展水平、行业特点、地方实际、主观过错、获利情况、相似违法行为罚款规定等因素,区分情况、分类处理,确保有效遏制违法、激励守法。制定行政法规、规章时,可以根据行政处罚法第三十二条等规定,对当事人为盲人、又聋又哑的人或者已满75周岁的人等,结合具体情况明确罚款的从轻、减轻情形;根据行政处罚法第三十三条等规定,细化不予、可以不予罚款情形;参考相关法律规范对教唆未成年人等的从重处罚规定,明确罚款的从重情形。

（六）合理确定罚款数额。设定罚款要符合行政处罚法和相关法律规范的立法目的,一般要明确罚款数额,科学采用数额罚、倍数（比例）罚等方法。规定处以一定幅度的罚款时,除涉及公民生命健康安全、金融安全等情形外,罚款的最低数额与最高数额之间一般不超过10倍。各地区、各部门要根据地域、领域等因素,适时调整本地区、本部门规定的适用听证程序的"较大数额罚款"标准。同一行政法规、规章对不同违法行为设定罚款的要相互协调,不同行政法规、规章对同一个违法行为设定罚款的要相互衔接,避免畸高畸低。拟规定较高起罚数额的,要充分听取专家学者等各方面意见,参考不同领域的相似违法行为或者同一领域的不同违法行为的罚款数额。起草法律、行政法规、地方性法规时,需要制定涉及罚款的配套规定的,有关部门要统筹考虑、同步研究。

（七）定期评估清理罚款规定。国务院部门和省、自治区、直辖市人民政府及其有关部门在落实行政处罚定期评估制度、每5年分类分批组织行政处罚评估时，要重点评估设定时间较早、罚款数额较大、社会关注度较高、与企业和群众关系密切的罚款规定。对评估发现有不符合上位法规定、不适应经济社会发展需要、明显过罚不当、缺乏针对性和实用性等情形的罚款规定，要及时按照立法权限和程序自行或者建议有权机关予以修改或者废止。各地区、各部门以行政规范性文件形式对违法所得计算方式作出例外规定的，要及时清理；确有必要保留的，要依法及时通过法律、行政法规、部门规章予以明确。

（八）及时修改废止罚款规定。国务院决定取消行政法规、部门规章中设定的罚款事项的，自决定印发之日起暂时停止适用相关行政法规、部门规章中的有关罚款规定。国务院决定调整行政法规、部门规章中设定的罚款事项的，按照修改后的相关行政法规、部门规章中的有关罚款规定执行。国务院有关部门要自决定印发之日起60日内向国务院报送相关行政法规修改方案，并完成相关部门规章修改或者废止工作，部门规章需要根据修改后的行政法规调整的，要自相关行政法规公布之日起60日内完成修改或者废止工作。因特殊原因无法在上述期限内完成部门规章修改或者废止工作的，可以适当延长，但延长期限最多不得超过30日。罚款事项取消后，有关部门要依法认真研究，严格落实监管责任，着力加强事中事后监管，完善监管方法，规范监管程序，提高监管的科学性、简约性和精准性，进一步提升监管效能。

三、严格规范罚款实施

（九）坚持严格规范执法。要严格按照法律规定和违法事实实施罚款，不得随意给予顶格罚款或者高额罚款，不得随意降低对违法行为的认定门槛，不得随意扩大违法行为的范围。对违法行为的事实、性质、情节以及社会危害程度基本相似的案件，要确保罚款裁量尺度符合法定要求，避免类案不同罚。严禁逐利罚款，严禁对已超过法定追责期限的违法行为给予罚款。加大对重点领域的执法力度，对严重违法行为，要依法落实"处罚到人"要求，坚决维护企业和群众合法权益。行政机关实施处罚时应当责令当事人改正或者限期改正违法行为，不得只罚款而不纠正违法行为。

（十）坚持公正文明执法。国务院部门和省、自治区、直辖市人民政府及其有关部门要根据不同地域、领域等实际情况，科学细化行政处罚法第三十二条、第三十三条规定的适用情形。行政机关实施罚款等处罚时，要统筹考虑相关法律规范与行政处罚法的适用关系，符合行政处罚法第三十二条规定的从轻、减轻处罚或者第三十三条等规定的不予、可以不予处罚情形的，要适用行政处罚法依法作出相应处理。鼓励行政机关制定不予、可以不予、减轻、从轻、从重罚款等处罚清单，依据行政处罚法、相关法律规范定期梳理、发布典型案例，加强指导、培训。制定罚款等处罚清单或者实施罚款时，要统筹考虑法律制度与客观实际、合法性与合理性、具体条款与原则规定，确保过罚相当、法理相融。行政执法人员要文明执法，尊重和保护当事人合法权益，准确使用文明执法用语，注重提升行政执法形象，依法文明应对突发情况。行政机关要根据实际情况，细化对行政执法人员的追责免责相关办法。

（十一）坚持处罚与教育相结合。认真落实"谁执法谁普法"普法责任制，将普法教育贯穿于行政处罚全过程，引导企业和群众依法经营、自觉守法，努力预防和化解违法风险。要充分考虑社会公众的切身感受，确保罚款决定符合法理，并考虑相关事理和情理，优化罚款决定延期、分期履行制度。要依法广泛综合运用说服教育、劝导示范、指导约谈等方式，让执法既有力度又有温度。总结证券等领域经验做法，在部分领域研究、探索运用行政和解等非强制行政手段。鼓励行政机关建立与企业和群众常态化沟通机制，加强跟进帮扶指导，探索构建"预防为主、轻微免罚、重违严惩、过罚相当、事后回访"等执法模式。

（十二）持续规范非现场执法。县级以上地方人民政府有关部门、乡镇人民政府（街道办事处）要在2024年12月底前完成执法类电子技术监控设备（以下简称监控设备）清理、规范工作，及时停止使用不合法、不合规、不必要的监控设备，清理结果分别报本级人民政府、上级人民政府；每年年底前，县级以上地方人民政府有关部门、乡镇人民政府（街道办事处）要分别向本级人民政府、上级人民政府报告监控设备新增情况，司法行政部门加强执法监督。利用监控设备收集、固定违法事实的，应当经过法制和技术审核，根据监管需要确定监控设备的设置地点、间距和数量等，设置地点要有明显可见的标识，投入使用前要及时向社会公布，严禁为增加罚款收入脱离实际监管需要随意设置。要确保计量准确，未经依法检定、逾期未检定或者检定不合格的，不得使用。要充分运用大数据分析研判，对违法事实采集量、罚款数额畸高的监控设备开展重点监督，违法违规设置或者滥用监控设备的立即停用，限期核查评估整改。

四、全面强化罚款监督

（十三）深入开展源头治理。坚决防止以罚增收、以罚代管、逐利罚款等行为，严格规范罚款，推进事中事后监管法治化、制度化、规范化。对社会关注度较高、投诉举报集中、违法行为频繁发生等罚款事项，要综合分析研判，优化管理措施，不能只罚不管；行政机关不作为的，上级行政机关要加强监督，符合问责规定的，严肃问责。要坚持系统观念，对涉及公共安全和群众生命健康等行业、领域中的普遍性问题，要推动从个案办理到类案管理再到系统治理，实现"办理一案、治理一类、影响一域"。

19

（十四）持续加强财会审计监督。行政机关要将应当上缴的罚款收入，按照规定缴入国库，任何部门、单位和个人不得截留、私分、占用、挪用或者拖欠。对当事人不及时足额缴纳罚款的，行政机关要及时启动追缴程序，履行追缴职责。坚决防止罚款收入不合理增长，严肃查处罚款收入不真实、违规处置罚款收入等问题。财政部门要加强对罚缴分离、收支两条线等制度实施情况的监督，会同有关部门按规定开展专项监督检查。要依法加强对罚款收入的规范化管理，强化对罚款收入异常变化的监督，同一地区、同一部门罚款收入同比异常上升的，必要时开展实地核查。强化中央与地方监督上下联动，压实财政、审计等部门的监督责任。

（十五）充分发挥监督合力。各地区、各部门要健全和完善重大行政处罚备案制度和行政执法统计年报制度。县级以上地方人民政府司法行政部门要加强案卷评查等行政执法监督工作，对违法或者明显过罚不当的，要督促有关行政机关予以改正；对不及时改正的，要报请本级人民政府责令改正。拓宽监督渠道，建立行政执法监督与12345政务服务便民热线等监督渠道的信息共享工作机制。充分发挥行政复议化解行政争议的主渠道作用，促进行政复议案件繁简分流，依法纠正违法或者不当的罚款决定。对罚款决定被依法变更、撤销、确认违法或者确认无效的，有关行政机关和财政部门要及时办理罚款退还等手续。加大规章备案审查力度，审查发现规章违法变更法律、行政法规、地方性法规规定的罚款实施主体、对象范围、行为种类或者数额幅度的，要及时予以纠正，切实维护国家法制统一。要加强分析研判和指导监督，收集梳理高频投诉事项和网络舆情，对设定或者实施罚款中的典型违法问题予以及时通报和点名曝光，依法依规对相关人员给予处分。

各地区、各部门要将规范和监督罚款设定与实施，作为提升政府治理能力、维护公共利益和社会秩序、优化营商环境的重要抓手，认真贯彻实施行政处罚法和《国务院关于进一步贯彻实施〈中华人民共和国行政处罚法〉的通知》（国发〔2021〕26号）等，系统梳理涉及罚款事项的行政法规、规章，加快修改完善相关制度。司法部要加强统筹协调监督，组织推动完善行政处罚制度、做好有关解释答复工作，指导监督各地区、各部门抓好贯彻实施，重要情况和问题及时报国务院。

国务院办公厅关于印发《扎实推进高水平对外开放更大力度吸引和利用外资行动方案》的通知

(2024年2月28日　国办发〔2024〕9号)

《扎实推进高水平对外开放更大力度吸引和利用外资行动方案》已经国务院同意，现印发给你们，请认真贯彻执行。

扎实推进高水平对外开放更大力度吸引和利用外资行动方案

外商投资是参与中国式现代化建设、推动中国经济与世界经济共同繁荣发展的重要力量。扎实推进高水平对外开放、更大力度吸引和利用外资，必须坚持以习近平新时代中国特色社会主义思想为指导，完整、准确、全面贯彻新发展理念，更好统筹国内国际两个大局，营造市场化、法治化、国际化一流营商环境，充分发挥我国超大规模市场优势，巩固外资在华发展信心，提升贸易投资合作质量和水平。为贯彻落实党中央、国务院决策部署，现制定如下行动方案。

一、扩大市场准入，提高外商投资自由化水平

（一）合理缩减外商投资准入负面清单。健全外商投资准入前国民待遇加负面清单管理制度，全面取消制造业领域外资准入限制措施，持续推进电信、医疗等领域扩大开放。

（二）开展放宽科技创新领域外商投资准入试点。允许北京、上海、广东等自由贸易试验区选择若干符合条件的外商投资企业在基因诊断与治疗技术开发和应用等领域进行扩大开放试点。支持信息服务（限于应用商店）等领域开放举措在自由贸易试验区更好落地见效。

（三）扩大银行保险领域外资金融机构准入。在保障安全、高效和稳定的前提下，支持符合条件的外资机构依法开展银行卡清算业务。深化商业养老保险、健康保险等行业开放，支持符合条件的境外专业保险机构在境内投资设立或参股保险机构。

（四）拓展外资金融机构参与国内债券市场业务范围。优化外资金融机构参与境内资本市场有关程序，进一步便利外资金融机构参与中国债券市场。支持符合条件的外资金融机构按规定参与境内债券承销。研究稳妥推动更多符合条件的外资银行参与国债期货交易试点。

（五）深入实施合格境外有限合伙人境内投资试点。扩大合格境外有限合伙人试点范围，规范合格境外有限合伙人管理企业及基金在注册资本、股东等方面的要求，拓宽基金可以投资的范围。完善私募投资基金服务业务管理办法，鼓励外商投资设立私募基金并依法开展各类投资活动。

二、加大政策力度，提升对外商投资吸引力

（六）扩大鼓励外商投资产业目录和外资项目清单。全国鼓励外商投资产业目录加大对先进制造、高新技术、节能环保等领域的支持力度，中西部地区外商投资优势产业目录加大对基础制造、适用技术、民生消费等领域的支持力度。积极支持集成电路、生物医药、高端装备等领域外资项目纳入重大和重点外资项目清单，允许享受相应支持政策。

（七）落实税收支持政策。外商投资企业在中国境内再投资企业所投资的项目，符合鼓励外商投资产业目录等条件的，可按规定享受进口自用设备免征关税政策。落实境外投资者投资中国债券市场等金融市场相关税收优惠政策。

（八）加大金融支持力度。鼓励金融机构按照市场化原则为符合条件的外资项目提供优质金融服务和融资支持。支持符合条件的外商投资企业在境内发行人民币债券融资并用于境内投资项目。推进实施跨境贸易投资外汇管理便利化政策，持续提升外商投资企业外汇业务便利度。

（九）强化用能保障。完善能源消耗总量和强度调控，重点控制化石能源消费，落实原料用能和非化石能源消费不纳入能源消耗总量和强度控制等政策，一视同仁保障外资项目合理用能需求。加快推动绿证交易和跨省区绿电交易，更好满足外商投资企业绿电需求。

（十）支持中西部和东北地区承接产业转移。鼓励中西部和东北地区发挥地方比较优势，因地制宜制定降低制造业企业用地、用能、用工、物流等成本的政策措施。在中西部和东北地区规划整合重点开发区，与东部地区结对开展外商投资产业转移合作，建立健全项目推介、干部交流、收益共享的机制和实施细则。

三、优化公平竞争环境，做好外商投资企业服务

（十一）清理违反公平竞争的行为和政策措施。及时处理经营主体反映的政府采购、招标投标、资质许可、标准制定、享受补贴等方面对外商投资企业的歧视行为，对责任主体予以通报并限期整改。加快制定出台政府采购本国产品标准，在政府采购活动中对内外资企业生产的符合标准的产品一视同仁、平

等对待。全面清理妨碍统一市场和公平竞争的政策措施。

（十二）完善招标投标制度。加快推进修改招标投标法。组织开展招标投标领域突出问题专项治理，集中纠治一批经营主体反映比较强烈的问题，破除制约各类所有制企业平等参与招标投标的不合理限制。制定招标投标领域公平竞争审查规则，强化公平竞争审查刚性约束，避免出台排斥限制公平竞争的政策文件。

（十三）公平参与标准制修订。支持外商投资企业以相同条件参加先进制造、工程材料、信息通信等标准化技术委员会或相关标准化组织机构，依法平等参与标准制定修订工作。及时公开国家标准信息，提高标准化工作的透明度、开放性。

（十四）提高行政执法科学化水平。严格落实行政执法公示制度，严格执行行政检查事项清单，坚决避免重复检查，及时纠正不规范的行政执法行为，逐步推行以远程监管、预警防控为主要特征的非现场监管。

（十五）持续打造"投资中国"品牌。依托重要展会平台，开展"投资中国"重点投资促进活动，向境外投资者全方位展现我国优质营商环境和投资机遇。建立健全工作机制，发挥驻外使领馆经商机构作用，支持地方"走出去"、"请进来"相结合，常态化开展招商引资工作。组织国际产业投资合作对接活动，促进更多项目洽谈签约。

（十六）加强外商投资企业服务。用好外资企业圆桌会议等平台，深化与外商投资企业、外国商会协会、国际组织的常态化交流，及时回应各方关切，针对性做好服务保障。完善各级外商投资企业投诉跨部门协调工作机制，健全外商投资企业直接联系制度，畅通沟通渠道，及时了解并推动解决外商投资企业反映的问题和合理诉求。落实外商投资信息报告制度，持续推进部门数据共享，通过部门信息共享能够获得的信息，不得要求外商投资企业重复报送。

四、畅通创新要素流动，促进内外资企业创新合作

（十七）支持外商投资企业与总部数据流动。规范数据跨境安全管理，组织开展数据出境安全评估、规范个人信息出境标准合同备案等相关工作，促进外商投资企业研发、生产、销售等数据跨境安全有序流动。制定粤港澳大湾区跨境数据转移标准，依托横琴粤澳深度合作区、前海深港现代服务业合作区等重大合作平台，建立港澳企业数据跨境流动机制，探索建立跨境数据流动"白名单"制度，稳步推动实现粤港澳大湾区内数据便捷流动。

（十八）便利国际商务人员往来。为外商办理来华签证提供便利，对于外商投资企业管理人员、技术人员及其随行配偶和未成年子女，签证入境有效期放宽至2年。推动北京、上海、广州等重点航空枢纽的国际航班数量加快恢复。

（十九）优化外国人在华工作和居留许可管理。优化外国人来华工作许可和工作类居留许可办理流程，采取"一口受理、并联审批"的方式，形成更加快捷高效的审批机制。加强部门协同,为引进的外籍人才在华工作、停居留、永久居留提供便利。

(二十)支持国内外机构合作创新。深入实施新形势下国际科技合作计划,支持在中国境内设立的外商投资企业、外资研发机构、跨国公司平等参与国家重点研发计划、国家科技重大专项等国家科技计划项目。

五、完善国内规制,更好对接国际高标准经贸规则

(二十一)加强知识产权保护。对接国际高标准知识产权规则,完善知识产权保护规定,加快建设国家知识产权保护信息平台,加强商业秘密保护制度建设,深入实施知识产权行政保护工作方案。聚焦重点领域、关键环节,加大涉外商投资企业知识产权保护力度。加大对侵犯知识产权案件的查处力度,坚决打击、惩治侵犯外商投资企业知识产权行为。

(二十二)健全数据跨境流动规则。科学界定重要数据的范围。全面深入参与世界贸易组织电子商务谈判,推动加快构建全球数字贸易规则。探索与《数字经济伙伴关系协定》成员方开展数据跨境流动试点,加快与主要经贸伙伴国家和地区建立数据跨境流动合作机制,推动构建多层次全球数字合作伙伴关系网络。

(二十三)积极推进高标准经贸协议谈判及实施。积极推动加入《全面与进步跨太平洋伙伴关系协定》和《数字经济伙伴关系协定》,主动对照相关规则、规制、管理、标准推进国内相关领域改革,推动部分高标准经贸规则纳入内地与香港、澳门关于建立更紧密经贸关系的安排。推动与更多国家和地区商签自由贸易协定,扩大面向全球的高标准自由贸易区网络。

(二十四)加大对接国际高标准经贸规则试点力度。发挥国家服务业扩大开放综合示范区开放引领作用,精准对接产业发展需求,率先建设与国际高标准经贸规则相衔接的服务业开放体系,并适时在服务业扩大开放综合试点地区梯次对接。支持有条件的自由贸易试验区、海南自由贸易港立足国情,对接国际高标准经贸规则,率先探索实施世界贸易组织服务贸易国内规制、投资便利化、数字贸易等领域谈判成果。

各地区各部门要深入贯彻党中央、国务院关于扩大高水平对外开放的部署要求,主动作为、狠抓落实,切实增强外商投资企业获得感。各地区要在营造环境、改善服务方面下更大功夫,把外商投资企业关心的实际问题作为突破口,善于用创新性思维解决矛盾问题,巩固外资在华发展信心。各部门要抓紧细化实化各项任务,制定时间表、路线图,推动政策举措落地见效。国家发展改革委要会同有关部门加强指导和协调,跟踪评估各项政策实施效果,适时总结经验、复制推广。重大事项及时向党中央、国务院请示报告。

国务院部门规章

国家发展改革委关于修改部分规章的决定

(2024年1月4日国家发展和改革委员会令第11号公布 自2024年3月1日起施行 国司备字[2024010289])

为深入贯彻落实党的二十大精神,提升我委制度建设水平,我委组织开展了规章清理。经过清理,决定对《电力设施保护条例实施细则》(1999年国家经贸委、公安部令第8号)等9件规章予以修改。

附件:决定修改的规章(9件)

决定修改的规章（9件）

序号	规章名称及文号	发文单位及日期	修改内容	修改后内容
1	《电力设施保护条例实施细则》（1999年国家经贸委、公安部令第8号根据2011年6月30日国家发展改革委令第10号修订）	原国家经贸委、公安部1999年3月18日	第九条 电力管理部门应在下列地点设置安全标志： （一）架空电力线路穿越的人口密集地段； （二）架空电力线路穿越的人员活动频繁的地段； （三）车辆、机械频繁穿越架空电力线路的地段； （四）电力线路上的变压器平台。 第十九条 电力管理部门对检举、揭发破坏电力设施或哄抢、盗窃电力设施器材的单位或个人，给予2000元以上规定给予物质奖励；对同破坏电力设施器材的行为进行斗争并防止事故发生的单位和个人，给予2000元以上的奖励；对为保护电力设施与自然灾害作斗争，成绩突出或保护电力设施作出显著成绩的单位或个人，根据贡献大小，给予相应物质奖励。 对维护、保护电力设施作出重大贡献的单位或个人，除按以上规定给予物质奖励外，还可由电力管理部门、公安部门或当地人民政府根据各自的权限给予表彰或荣誉奖励。	第九条 电力管理部门应指导电力设施产权单位在下列地点设置安全标志： （一）架空电力线路穿越的人口密集地区； （二）架空电力线路穿越的人员活动频繁的地段； （三）车辆、机械频繁穿越架空电力线路的地段； （四）电力线路上的变压器平台。 第十九条 电力管理部门对发生下列行为的单位或个人，根据贡献大小，给予相应物质奖励。 （一）检举、揭发破坏电力设施或盗窃电力设施器材的行为符合事实的； （二）同破坏电力设施或哄抢、盗窃电力设施器材的行为进行斗争并防止事故发生的； （三）为保护电力设施与自然灾害作斗争，成绩突出或者为保护电力设施安全做出显著成绩的。 对维护、保护电力设施作出重大贡献的单位或个人，除按以上规定给予物质奖励外，还可由电力管理部门、公安部门或当地人民政府根据各自的权限给予表彰或荣誉奖励。

26

续表

序号	规章名称及文号	发文单位及日期	修改内容	修改后内容
2	《电网运行规则（试行）》（2006年电监会令第22号）	原国家电监会 2006年11月3日	第四条 国家电力监管委员会及其派出机构（以下简称电力监管机构）依法对电网运行实施监管。	第四条 国家能源局及其派出机构（以下简称电力监管机构）依法对电网运行实施监管。地方电力管理部门依照有关法律、行政法规和国务院有关规定，对地方电网运行落实管理和行业管理责任。
			第二十条 （第二款）新建、改建、扩建的发电机组并网前应当进行并网安全性评价，评价工作由电力监管机构组织实施。	第二十条 （第二款）新建、改建、扩建的发电机组并网前应当按照有关文件要求进行并网安全性评价，并经电力调度机构同意。
			第二十四条 接入电网运行的电力二次系统应当符合《电力二次系统安全防护规定》和其他有关规定。	第二十四条 电力企业及相关电力用户应按照有关文件要求，落实本单位电力二次系统相关规定的技术管理工作。调度机构按照国家相关规定负责监管管辖范围内涉网电力二次系统相关的技术监管。
			第三十条 电网企业及其调度机构有责任保障电网频率电压稳定和可靠供电，调度机构应当合理安排运行方式，优化调度，维持电力平衡，保障电力系统的安全、优质、经济运行。调度机构应当向电力监管机构报送年度运行方式。	第三十条 电网企业及其调度机构、发电厂等并网主体有责任保障电网频率电压稳定和可靠供电；调度机构应当合理安排运行方式，优化调度，维持电力平衡，保障电力系统的安全、优质、经济运行。调度机构应当向电力监管机构和地方电力管理部门报送年度运行方式。

续表

序号	规章名称及文号	发文单位及日期	修改内容	修改后内容
			第三十一条 调度机构依照国家有关规定组织制定电力调度管理规程,并报电力监管机构备案。电网企业及其调度机构、电网使用者和相关单位应当执行电力调度管理规程。	第三十一条 调度机构依照国家有关规定组织制定电力调度管理规程,并报电力管理机构和地方电力管理部门备案。电网企业及其调度机构、电网使用者和相关单位应当执行电力调度管理规程。
			第三十五条 编制发电调度计划,供(用)电调度计划应当依据省级人民政府下达的调控目标和市场形成的电力交易计划,综合考虑社会用电需求,检修计划和电力系统设备能力等因素,并保留必要、合理的备用容量。调度计划应当经过安全校核。	第三十五条 编制发电调度计划,供(用)电调度计划应当依据省级人民政府下达的调控目标和市场形成的电力交易结果,综合考虑社会用电需求,检修计划和电力系统设备能力等因素,并保留必要、合理的备用容量。调度计划经过安全校核。
			第四十三条 发生威胁电力系统安全运行的紧急情况时,调度机构值班人员应当立即采取措施,避免事故发生和防止事故扩大。必要时,可以根据电力市场运营规则,通过调整系统运行方式等手段对电力市场实施干预,并按照规定向电力监管机构报告。	第四十三条 发生威胁电力系统安全运行的紧急情况时,调度机构值班人员应当立即采取措施,避免事故发生和防止事故扩大。必要时,可以按照电力市场运行有关规定,通过调整系统运行方式等手段对电力市场实施干预,并按照规定向电力监管机构和地方电力管理部门报告。

28

续表

序号	规章名称及文号	发文单位及日期	修改内容	修改后内容
3	《供用电监督管理办法》（1996年电力工业部令第4号，根据2011年6月30日国家发展改革委令第10号修订）	原电力工业部 1996年5月19日	第五条 供用电监督管理的职责是： 1.宣传、普及电力法律、行政法规知识； 2.监督电力法律、行政法规和电力技术标准的执行； 3.监督国家有关电力供应与使用政策、方针的执行； 4.负责月用电计划审核和批准工作； 5.协调处理供用电纠纷，依法保护电力投资者、供应者与使用者的合法权益； 6.负责进网作业电工和承装（修、试）单位资格审查，并容发许可证； 7.协助司法机关查处电力供应与使用中发生的治安、刑事案件； 8.依法查处电力违法行为，并作出行政处罚。 第六条 供用电监督人员在依法执行监督检查公务时，应出示《供用电监督证》。被检查的单位应接受检查，并根据监督人员依法提出的要求，提供有关情况，回答有关询问，协助提取证据，出示工作证件等。	第五条 供用电监督管理的职责是： 1.宣传、普及电力法律、行政法规知识； 2.监督电力法律、行政法规和电力技术标准的执行； 3.监督国家有关电力供应与使用政策、方针的执行； 4.协调处理供用电纠纷，依法保护电力投资者、供应者与使用者的合法权益； 5.协助司法机关查处电力供应与使用中发生的治安、刑事案件； 6.依法查处电力违法行为，并作出行政处罚。 第六条 供用电监督人员在依法执行监督检查公务时，不得少于两人，应出示行政执法证。被检查的单位应接受检查，并根据监督人员依法提出的要求，提供有关情况，回答有关询问，协助提取证据，出示工作证件等。

续表

序号	规章名称及文号	发文单位及日期	修改内容	修改后内容
				第八条 各级电力管理部门应依法配备供用电监督管理人员。担任供用电监督管理工作的人员应具备相应的专业技术能力和行政执法资格。(原第九、十条部分内容合并删除，部分内容整合并入现第八条)
			第八条 各级电力管理部门应依法配备供用电监督管理人员。担任供用电监督管理工作的人员，须是经过国家考试合格，并取得相应任聘资格证书的人员。 第九条 供用电监督资格由个人提出书面申请，经申请人所在单位同意，县以上电力管理部门推荐，接受专门知识和技能的培训，参加全国统一组织的考试，合格后发给《供用电监督资格证》。 第十条 申请供用电监督资格者应具备下列条件： 1. 作风正派，办事公道，廉洁奉公； 2. 具有电气专业中专以上或相当学历的文化程度； 3. 有三年以上从事供用电专业工作的实际经验和相应的管理能力； 4. 经过法律知识培训，熟悉电力方面的法律、行政法规和电力技术的标准以及供用电管理规章。 第十一条 省级电力管理部门负责本行政区域内的供用电监督管理人员的资格申请、审查和专门知识及技能的培训工作。	

30

续表

序号	规章名称及文号	发文单位及日期	修改内容	修改后内容
			国务院电力管理部门负责供用电监督资格的全国统一考试，并对合格者颁发《供用电监督资格证》。《供用电监督资格证》由国务院电力管理部门统一制作。 第十二条 县以上电力管理部门（供用电监督人员必须从取得《供用电监督资格证》的人员中，择优聘用供用电监督人员，报经省电力管理部门批准，并取得《供用电监督证》后，方能从事电力监督管理工作。《供用电监督证》由国务院电力管理部门统一制作。	第九条 省级电力管理部门负责本行政区域内供用电监督管理人员的资格审查和专门知识及技能的培训工作。县级以上电力管理部门可依法委托供用电监督人员。县级电力管理部门协助人员。 (原第十二条部分内容删除，部分内容整合并入现第九条)
			第十七条 符合下列条件之一的电力违法行为，电力管理部门应当立案： 1.具有电力违法事实的； 2.依照电力法规可能追究法律责任的； 3.属于本部门管辖和职责范围内处理的。	删除
			第十八条 符合立案条件的，应填写《电力违法行为受理、立案呈批表》，经电力管理部门领导批准后立案。	

续表

序号	规章名称及文号	发文单位及日期	修改内容	修改后内容
			经批准立案的事件,应及时指派承办人调查。现场调查时,调查承办人应填写《电力违法案件调查笔录》。调查结束后,承办人应提出《电力违法案件调查报告》。	删除
			第二十条 案件调查结束后,应视案情可依法做出下列处理: 1. 对举报不实或证据不足,未构成违法事实的,应报请批准立案主管领导批准予撤销; 2. 对违法事实清楚,并发出《违反电力法规行政处罚决定通知书》,并送达当事人。 3. 违法行为已构成犯罪的,应及时将案件移送司法机关,依法追究其刑事责任。	删除
			第二十一条 案件处理完毕后,承办人应及时填写《电力违法案件报告》经主管领导批准后,应向结案。案情重大或上级交办的案件结束后,应向上一级电力管理部门备案。	删除

32

续表

序号	规章名称及文号	发文单位及日期	修改内容	修改后内容
			在接到《违反电力法规行政处罚决定通知书》之日起，十五日内向作出行政处罚决定机关的上一级机关申请复议；对复议决定不服的，可在接到复议决定之日起十五日内，向人民法院起诉。当事人也可在接到处罚决定通知书之日起的十五日内，直接向人民法院起诉。对不履行处罚决定的，由作出处罚决定的机关依法申请强制执行。	第二十二条 当事人对行政处罚决定不服的，可第十五条 对涉嫌电力违法行为的查处应符合《违反电力法规行政处罚决定通知书》之行政处罚法及有关规定。当事人对行政处罚决定不服的，有权依法申请行政复议或提起行政诉讼。当事人逾期不履行行政处罚决定的，作出行政处罚决定的电力管理部门可以依法向人民法院申请强制执行。 （原第十七、十八、二十、二十一条删除，部分内容整合并入现第十五条）
			第二十三条 违反《电力法》和国家有关规定，未取得《供电营业许可证》而从事电力供应业务者，电力管理部门应书面形式责令其停止营业，没收其非法所得，并处以违法所得五倍以下的罚款。	第十六条 违反《电力法》和国家有关规定，未取得相应类别的电力业务许可证而从事电力供应业务者，电力管理部门应以书面形式责令其停止营业，没收其违法所得，并处以违法所得五倍以下的罚款。
			第二十四条 违反《电力法》和国家有关规定，擅自伸入或跨越其他供电企业供电营业区供电人或电力管理部门应以书面形式责令其拆除伸入或跨越的供电设施，作出书面检查，并处以违法所得四倍以下的罚款。	第十七条 违反《电力法》和国家有关规定，擅目伸入或跨越其他供电企业供电营业区供电人，电力管理部门应以书面形式责令其拆除伸入或跨越的供电设施，没收其违法所得，并处以违法所得四倍以下的罚款。

33

续表

序号	规章名称及文号	发文单位及日期	修改内容	修改后内容
			第二十五条 违反《电力法》和国家有关规定,擅自向外转供电者,电力管理部门应以书面形式责令其拆除转供电设施,作出书面检查,没收其非法所得,并处以违法所得三倍以下的罚款。	第十八条 违反《电力法》和国家有关规定,擅自向外转供电者,电力管理部门应以书面形式责令其拆除转供电设施,没收其违法所得,并处以违法所得三倍以下的罚款。
			第二十六条 供电企业未按《电力法》和国家有关规定中规定的时间通知用户或进行公告,而对用户中断供电的,电力管理部门责令其改正,给予警告;情节严重的,对有关主管人员和直接责任人员给予行政处分。	删除
			第二十七条 供电企业违反规定,减少农业和农村用电指标的,对有关主管人员和直接责任人员给予行政处分,情况严重的,造成损失的,责令赔偿损失。	删除
			第二十八条 电力管理部门对危害供电、用电安全,扰乱正常供电、用电秩序的行为,除协助供电企业追缴电费外,应分别给予下列处罚: 1.擅自改变用电类别的,应责令其改正,给予警告;再次发生的,可下达中止供电命令,并处以一万元以下的罚款。 2.擅自超过合同约定的容量用电的,应责令其改正。	第十九条 电力管理部门对危害供电、用电安全,扰乱正常供电、用电秩序的行为,除协助供电企业追缴电费外,应分别给予下列处罚: 1.擅自改变用电类别的,应责令其改正,给予警告;再次发生的,可下达中止供电命令。 2.擅自超过合同约定的容量用电的,应责令其改正,给予警告;拒绝改正的,可下达中止供电命令。

续表

序号	规章名称及文号	发文单位及日期	修改内容	修改后内容
			给予警告;拒绝改正的,可下达中止供电命令,累计按私增容量每千伏安(或每千瓦)100元,累计总额不超过五万元的罚款。 3. 擅自超过计划分配的用电指标用电的,并按超用电力、电量分别处以每千瓦每次5元和超用电价、10倍电度电价,累计总额不超过五万元的罚款;拒绝改正的,可下达中止供电命令。 4. 擅自使用已经供电企业办理暂停使用手续的电力设备,或者擅自启用已经敬供电企业查封的电力设备的,应责令其改正,给予警告;启用电力设备危及电网安全的,可下达中止供电命令,并处以每次二万元以下的罚款。 5. 擅自迁移、更动或者擅自操作供电企业的用电计量装置,电力负荷控制装置,供电设施以及约定由供电企业调度的用户受电设备,且不构成窃电和超指标用电的,还应责令其赔偿、其他人损害的,应责令其改正,给予警告;造成电网安全的,可下达中止供电命令,并处以每次三万元以下的罚款。 6. 未经供电企业许可,擅自引入、擅自出供电力或者将自备电源擅自并网的,应责令中止供电命令,给予警告;拒绝改正的,可下达中止供电命令,并处以五万元以下的罚款。	3. 擅自使用已经在供电企业办理暂停使用手续的电力设备,或者擅自启用已经敬供电企业查封的电力设备的,应责令其改正,给予警告;启用电力设备危及电网安全的,可下达中止供电命令。 4. 擅自迁移、更动或者擅自操作供电企业的用电计量装置,电力负荷控制装置,供电设施以及约定由供电企业调度的用户受电设备,且不构成窃电和超指标用电的,还应责令其赔偿、其他人损害的,应责令其改正,给予警告;造成电网安全的,可下达中止供电命令。 5. 未经供电企业许可,擅自引入、擅自出供电力或者将自备电源擅自并网的,可下达中止供电命令。

35

续表

序号	规章名称及文号	发文单位及日期	修改内容	修改后内容
4	《电力监管报告编制发布规定》(2007年电监会令第23号)	原国家电监会 2007年4月10日	第二条 本规定所称电力监管报告,是指国家电力监管委员会及其派出机构(以下简称电力监管机构)履行电力监管职责向社会公开发布的文书。 电力监管报告适用于电力监管机构和其他有关单位(以下统称监管报告相对人)执行有关电力监管法律、法规、规章和其他规范性文件的情况,违反有关电力监管法律、法规、规章和其他规范性文件的行为以及电力监管机构的处理结果。	第二条 本规定所称电力监管报告,是指国家能源局及其派出机构(以下简称电力监管机构)履行电力监管职责向社会公开发布的文书。 电力监管报告适用于电力监管机构和其他有关单位(以下统称监管报告相对人)执行有关电力监管法律、法规、规章和其他规范性文件的情况,违反有关电力监管法律、法规、规章和其他规范性文件的行为以及电力监管机构的处理结果。
			第五条 电力监管机构根据年度监管工作重点,制定电力监管报告年度计划。 电力监管报告年度计划由电力监管机构主席(局长、专员)办公会议决定。 电力监管报告年度计划应当明确电力监管报告的名称、起草单位、资料来源、完成时间等。 根据监管工作需要,可以增加电力监管报告年度计划项目。	第五条 电力监管机构根据年度监管工作计划,制定电力监管报告年度计划。 国家能源局编制发布的电力监管报告年度计划,由国家能源局派出机构编制发布的电力监管报告年度计划,由派出机构局长(专员)办公会议决定。 电力监管报告年度计划应当明确电力监管报告的名称、起草单位、资料来源、完成时间等。 根据监管工作需要,经国家能源局局长批准,可以增加电力监管报告年度计划项目。

36

续表

序号	规章名称及文号	发文单位及日期	修改内容	修改后内容
			第十条 电力监管报告由电力监管机构主席（局长、专员）办公会议决定。国家电力监管委员会派出机构编制的电力监管报告，涉及电力监管委员会批准。	第十条 国家能源局编制发布的电力监管报告由国家能源局办公会议决定，国家能源局派出机构发布的电力监管报告由其局长（专员）办公会议决定。国家能源局派出机构编制的电力监管报告，涉及跨区域或者在全国有重大影响的事项的，应当报国家能源局批准。
			第十一条 电力监管报告以监管公告发布。监管公告由电力监管机构主席（局长、专员）签署。监管公告应当载明序号、编制单位、电力监管报告名称、发布日期。	第十一条 电力监管报告以监管公告发布。监管公告由国家能源局发布的，由国家能源局长签署，监管公告由国家能源局派出机构发布的，由其局长（专员）签署。监管公告应当载明序号、编制单位、电力监管报告名称、发布日期。
			第十六条 国家电力监管委员会派出机构发布监管报告，报国家电力监管委员会备案。	第十六条 国家能源局派出机构发布监管报告，报国家能源局备案。
				根据监管工作需要，国家能源局派出机构编制发布电力监管报告年度计划，经国家能源局长（专员）批准，可以增加电力监管报告年度计划项目。

37

续表

序号	规章名称及文号	发文单位及日期	修改内容	修改后内容
5	《供电监管办法》(2009年电监会令第27号)	原国家电监会 2009年11月26日	第二条 国家电力监管委员会(以下简称电监会)依照本办法和国家有关规定,履行全国供电监管和行政执法职能。电监会派出机构(以下简称派出机构)负责辖区内供电监管执法工作。 第四条 供电企业应当依法从事供电业务,并接受国家电监会及其派出机构(以下简称机构)的监管。供电企业依法经营,其合法权益受法律保护。 本办法所称供电企业是指依法取得电力业务许可证,从事供电业务的企业。 第七条 (第二款)在电力系统正常的情况下,供电企业的供电质量应当符合下列规定: (一)向用户提供的电能质量符合国家标准或者电力行业标准; (二)城市地区年供电可靠率不低于99%,城市居民用户受电端电压合格率不低于95%,10千伏以上供电用户受电端电压合格率不低于98%; (三)农村地区年供电可靠率和农村居民用户受电电压合格率符合派出机构的规定。	第二条 国家能源局依照本办法和国家有关规定,履行全国供电监管职能。 国家能源局派出机构(以下简称派出机构)负责辖区内供电监管和行政执法工作。 第四条 供电企业及其派出机构(以下简称机构)的监管。供电企业依法经营,其合法权益受法律保护。 本办法所称供电企业是指依法取得电力业务许可证,从事供电业务的企业。 第七条 (第二款)在电力系统正常的情况下,供电企业的供电质量应当符合下列规定: (一)向用户提供的电能质量符合国家标准或者电力行业标准; (二)城市地区年供电可靠率不低于99%,城市居民用户受电端电压合格率不低于95%,10千伏以上供电用户受电端电压合格率不低于98%; (三)农村地区年供电可靠率和农村居民用户受电电压合格率符合派出机构的规定。

续表

序号	规章名称及文号	发文单位及日期	修改内容	修改后内容
			有关农村地区年供电可靠率和农村居民用户受电端电压合格率的规定,应当报国家能监管局备案。 第八条 电力监管机构对供电企业设置电压监测点的情况实施监管。 供电企业应当按照下列规定选择电压监测点: (一)35千伏专线供电用户和110千伏以上供电用户应当设置电压监测点; (二)35千伏非专线供电用户或者66千伏供电用户、每10000千瓦负荷选择具有代表性的用户设置1个以上电压监测点,所选用户应当包括对供电质量有较高要求的重要电力用户和变电站10(6,20)千伏母线所带具有代表性线路的末端用户; (三)低压供电用户,每百台配电变压器选择具有代表性的用户设置1个以上电压监测点,所选用户应当是重要电力用户和低压配电网的首末两端用户。 供电企业应当于每年3月31日前将上一年度设置电压监测点的情况报送所在地派出机构。	有关农村地区年供电可靠率和农村居民用户受电端电压合格率的规定,应当报国家能源局备案。 第八条 电力监管机构对供电企业设置电压监测点的情况实施监管。 供电企业应当按照下列规定选择电压监测点: (一)35千伏专线供电用户和110千伏以上供电用户应当设置电压监测点; (二)35千伏非专线供电用户或者66千伏供电用户、每10000千瓦负荷选择具有代表性的用户设置1个以上电压监测点,所选用户应当包括对供电质量有较高要求的重要电力用户和变电站10(6,20)千伏母线所带具有代表性线路的末端用户; (三)低压供电用户,每百台配电变压器选择具有代表性的用户设置1个以上电压监测点,所选用户应当是重要电力用户和低压配电网的首末两端用户。 供电企业应当按照国家有关规定选择、安装、校验电压监测装置,监测和统计用户电压情况。

39

续表

序号	规章名称及文号	发文单位及日期	修改内容	修改后内容
			供电企业应当按照国家有关规定选择、安装、校验电压监测装置,监测用户电压情况。监测数据和统计数据应当及时、真实、完整。	测数据和统计数据应当及时、真实、完整,并按照要求及时报送电力监管机构。
			第十一条 电力监管机构对供电企业办理用电业务的情况实施监管。供电企业办理用电业务的期限应当符合下列规定: (一)向用户提供供电方案的期限,自受理用户用电申请之日起,居民用户不超过3个工作日,其他低压供电用户不超过8个工作日,高压单电源供电用户不超过20个工作日,高压双电源供电用户不超过45个工作日; (二)对用户受电工程设计文件和有关资料审核的期限,自受理之日起,低压供电用户不超过8个工作日,高压供电用户不超过20个工作日; (三)对用户受电工程启动中间检查的期限,自到用户申请之日起,低压供电用户不超过3个工作日,高压供电用户不超过5个工作日; (四)对用户受电装置竣工验收和检验申请之日起,低	第十一条 电力监管机构对供电企业办理用电业务的情况实施监管。电力监管机构应当按照国家规定的流程、时限等要求为用户提供便捷高效的用电报装服务。

续表

序号	规章名称及文号	发文单位及日期	修改内容	修改后内容
			压供电用户不超过5个工作日,高压供电用户不超过7个工作日; (五)给用户装表接电的期限,自受电装置检验合格并办结相关手续之日起,居民用户不超过3个工作日,其他低压供电用户不超过5个工作日,高压供电用户不超过7个工作日。 前款第(二)项规定的受电工程设计,用户应当按照供电企业确定的供电方案进行。	
			第十七条 电力监管机构对供电企业执行国家有关电力行政许可规定的情况实施监管。 供电企业应当遵守国家有关供电营业区、供电业务许可、承装(修、试)电力设施许可等规定。	第十七条 电力监管机构对供电企业执行国家有关电力行政许可规定的情况实施监管。 供电企业应当遵守国家有关供电营业区、供电业务许可、承装(修、试)电力设施许可等规定。
			第二十二条 电力监管机构对供电企业信息公开的情况实施监管。 供电企业应当依照《电力企业信息披露规定》,公开供电服务信息。供电企业应当采取便于用户获取的方式,公开供电服务信息,及时、完整。 供电企业应当方便用户查询下列信息:	第二十二条 电力监管机构对供电企业信息公开的情况实施监管。 供电企业应当按照国家有关规定,公开供电服务信息。供电企业应当采取便于用户获取的方式,公开供电服务信息。信息应当真实,及时、完整。 供电企业应当方便用户查询下列信息: (一)用电报装信息和办理进度;

41

续表

序号	规章名称及文号	发文单位及日期	修改内容	修改后内容
6	《电力并网互联争议处理规定》(2006年电监会第21号令)	原国家监会 2006年11月2日	(一)用电报表信息和办理进度; (二)用电投诉处理情况; (三)其他用电信息。 第三十三条 供电企业违反本办法第六条规定,没有能力对其供电区域内的用户提供供电服务并造成严重后果的,电力监管机构可以变更或者吊销电力业务许可证,指定其他供电企业供电。 第三条 国家电力监管委员会及其派出机构(以下简称电力监管机构)处理电力并网互联争议应当遵循合法、合理、公正、高效的原则。 电力并网互联争议造成其他电力系统安全稳定运行或者造成重大影响的,电力监管机构应当采取措施防止影响扩大。 第五条 电力并网互联争议由电网企业所在地的国家电监管委员会区域城市监管办公室负责处理;未设立区域城市监管办公室的,由所在区域电力监管委员会区域监管局负责处理。本区域内跨省、自治区、直辖市的电力并网互联争议由电网企业所在地的电力监管委员会区域监管局负责处理。跨区域的或者在全国范围内有重大影响的	(二)用电投诉处理情况; (三)其他用电信息。 第三十三条 供电企业违反本办法第六条规定,没有能力对其供电区域内的用户提供供电服务并造成严重后果的,电力监管机构可以吊销电力业务许可证,指定其他供电企业供电。 第三条 国家能源局及其派出机构(以下简称电力监管机构)处理电力并网互联争议应当遵循合法、公正、高效的原则。 电力并网互联争议造成其运行或者造成其他重大影响及电力系统安全稳定运行可能危及电力系统安全稳定运行的,电力监管机构应当采取措施防止影响扩大。 第五条 电力能源派出机构负责处理的电力并网互联争议由国家能源派出机构所在地的国家能源派出机构负责处理;跨区域或者在全国范围内有重大影响的电力并网互联争议由国家能源局负责处理。

续表

序号	规章名称及文号	发文单位及日期	修改内容	修改后内容
7	《电力监管机构现场检查规定》(2006年电监会令第20号)	原国家电监会 2006年4月7日	电力并网争议由国家电力监管委员会负责处理。电力互联争议由国家电力监管委员会区域监管局负责处理。跨区域的或者在全国范围内有重大影响的电力互联争议由国家电力监管委员会负责处理。 第二条 本规定适用于国家电力监管委员会及其派出机构(以下简称电力监管机构)进入电力企业、用户的用电场所或者其他有关场所,对电力企业、用户的用电场所或者其他有关场所,电力调度交易机构,用户或者其他有关单位(以下简称被检查单位)遵守国家电力监管规定的情况进行检查。电力监管机构进行电力事故调查,对涉嫌违法行为的立案调查,对有关事实或者行为的核查,其范围、法律、法规、规章另有规定的,从其规定。国务院决定或者批准进行的专项检查,其范围、内容、时限和程序另有规定的,从其规定。第六条 电力监管机构进行现场检查时,检查人员不得少于2人。	第二条 本规定适用于国家能源局及其派出机构(以下简称电力监管机构)进入电力企业或者用的电力调度交易机构的工作场所,用户的用电场所或者其他有关场所,对电力企业、用户的用电场所或者其他有关场所,电力调度交易机构,电力交易机构,用户或者其他有关单位(以下简称被检查单位)遵守国家有关电力监管规定的情况进行检查。电力监管机构进行电力事故调查,对涉嫌违法行为的立案调查,对有关事实或者行为的核查,其范围、法律、法规、规章另有规定的,从其规定。国务院决定或者批准进行的专项检查,其范围、内容、时限和程序另有规定的,从其规定。第六条 电力监管机构进行现场检查时,检查人员不得少于2人。

43

续表

序号	规章名称及文号	发文单位及日期	修改内容	修改后内容
8	《电力企业信息披露规定》(2005年电监会令第14号)	原国家电监会 2005年11月30日	检查人员进行现场检查时,应当出示电力监管执法证;未出示电力监管执法证的,被检查单位有权拒绝检查。 第一条 为了加强电力监管,规范电力企业、电力调度交易机构的信息披露行为,维护电力市场秩序,根据《电力监管条例》,适用本规定。 第二条 电力企业、电力调度交易机构披露有关电力建设、生产、经营、价格和服务等方面的信息,适用本规定。 第三条 电力企业、电力调度交易机构披露信息遵循真实、及时、透明的原则。 第四条 国家电力监管委员会及其派出机构(以下简称电力监管机构)对电力企业、电力调度交易机构如实披露有关信息的情况实施监管。 第五条 从事发电业务的企业应当向电力调度交易机构披露下列信息: (一)发电机组基础参数; (二)新增或者退役发电机组、装机容量; (三)机组运行检修情况;	检查人员进行现场检查时,应当出示电力行政执法证;未出示行政执法证的,被检查单位有权拒绝检查。 第一条 为了加强电力监管,规范电力企业、电力调度交易机构的信息披露行为,维护电力市场秩序,根据《电力监管条例》,制定本规定。 第二条 电力企业、电力调度机构、电力交易机构披露有关电力建设、生产、经营、价格和服务等方面的信息,适用本规定。 第三条 电力企业、电力调度机构、电力交易机构披露信息遵循真实、及时、透明的原则。 第四条 国家能源局及其派出机构(以下简称电力监管机构)对电力企业、电力调度机构、电力交易机构如实披露有关信息的情况实施监管。 第五条 从事发电业务的企业应当向电力调度机构、电力交易机构披露下列信息: (一)发电机组基础参数; (二)新增或者退役发电机组、装机容量; (三)机组运行检修情况;

续表

序号	规章名称及文号	发文单位及日期	修改内容	修改后内容
			(四)机组设备改造情况; (五)火电厂燃料情况或者水电厂来水情况; (六)电力市场运行规则要求披露的信息; (七)电力监管机构要求披露的其他信息。 第六条 从事输电业务的企业应当向从事发电业务的企业披露下列信息: (一)输电网结构情况,输电线路和变电站规划、建设、投产的情况; (二)电网内发电装机情况; (三)网内负荷和大用户负荷的情况; (四)电力供需情况; (五)主要输电通道的构成和关键断面的输电能力,网内发电厂送出线的输电能力; (六)输变电设备检修计划和检修执行情况; (七)电力安全生产情况; (八)输电损耗情况; (九)国家批准的输电电价、跨区域、跨省(自治区、直辖市)电能交易输电电价;大用户直购电输配电价;国家批准的收费标准; (十)发电机组、直接供电用户并网接入情况,电网互联情况; (十一)电力监管机构要求披露的其他信息。	(四)机组设备改造情况; (五)火电厂燃料情况或者水电厂来水情况; (六)电力市场运行规则要求披露的信息; (七)电力监管机构要求披露的其他信息。 第六条 从事输电业务的企业应当向从事发电业务的企业披露下列信息: (一)输电网结构情况,输电线路和变电站规划、建设、投产的情况; (二)电网内各类发电装机规模及明细; (三)网内负荷和大用户负荷的情况; (四)电力供需情况; (五)主要输电通道的构成和关键断面的输电能力,网内发电厂送出线的输电能力; (六)输变电设备检修计划和检修执行情况; (七)电力安全生产情况; (八)输电损耗情况; (九)国家批准的输电电价、跨区域、跨省(自治区、直辖市)电能交易输电电价;大用户直购电输配电价;国家批准的收费标准; (十)发电机组、直接供电用户并网接入情况,电网互联情况; (十一)电力监管机构要求披露的其他信息。

45

续表

序号	规章名称及文号	发文单位及日期	修改内容	修改后内容
			第八条 电力调度交易机构应当向从事发电业务的企业披露下列信息： (一)电网结构情况，并网运行机组技术性能等基础资料，新建或者改建发电设备、输电设备投产运行情况； (二)电网安全运行的主要约束条件，电网重要运行方式的变化情况； (三)发电设备、重要输变电设备的检修计划和执行情况； (四)年度电力电量需求预测和电网中长期运行方式，电网年度分月发电量预测；电网总发电量、最高最低负荷和负荷变化情况；年、季、月发电量计划安排和执行情况； (五)跨区域、跨省(自治区、直辖市)电力电量交换年、季、月计划及执行情况； (六)并网发电厂机组的上网电量、年度合同电量和其他电量完成情况，发电利用小时数；实行峰谷分时电价的，各机组峰、谷、平时段发电量情况； (七)并网发电厂执行调度指令，调度调峰，提供调峰、调频、无功调节、备用等辅助服务的情况；	第八条 电力调度交易机构应当向从事发电业务的企业披露下列信息： (一)电网结构情况，并网运行机组技术性能等基础资料，新建或者改建发电设备、输电设备投产运行情况； (二)电网安全运行的主要约束条件，电网重要运行方式的变化情况； (三)发电设备、重要输变电设备的检修计划和执行情况； (四)年度电力电量需求预测和电网中长期运行方式，电网年度分月发电量预测；电网总发电量、最高最低负荷和负荷变化情况；年、季、月发电量计划安排和执行情况； (五)跨区域、跨省(自治区、直辖市)电力电量交换年、季、月计划及执行情况； (六)并网发电厂机组的上网电量、年度合同电量和其他电量完成情况，发电利用小时数；实行峰谷分时电价的，各机组峰、谷、平时段发电量情况； (七)并网发电厂执行调度指令，调度调峰，提供调峰、调频、无功调节、备用等辅助服务的情况；

续表

序号	规章名称及文号	发文单位及日期	修改内容	修改后内容
			(八)并网发电厂运行考核情况,考核所得电量、资金的使用情况; (九)电力市场运行规则要求披露的有关信息; (十)电力监管机构要求披露的其他信息。 新增第九条	(八)并网发电厂运行考核情况,考核所得电量、资金的使用情况; (九)电力市场运行基本规则要求披露的有关信息; (十)电力监管机构要求披露的其他信息。 第九条 电力交易机构应当向从事发电业务的企业披露下列信息: (一)电力市场规则、电力市场交易制度等信息; (二)市场暂停、中止、重新启动等信息; (三)市场日历、交易公告信息; (四)市场注册和管理情况; (五)各类合同电量考核以及有关费用分摊、返还情况、电网代理购电情况; (六)并网发电量主体上网电量、发电利用小时数情况,偏差电量的交易组织、执行和结算情况,电网代理购电情况; (七)跨区域、跨省(自治区、直辖市)电力电量交换、电量结算、电价执行和费用结算情况; (八)其他公告信息,包括信息披露报告、违规行为通报,市场干预情况等;

47

续表

序号	规章名称及文号	发文单位及日期	修改内容	修改后内容
			电力监管机构根据电力企业、电力调度交易机构披露信息的范围和内容,确定相应的披露方式和期限。 第十一条 电力企业、电力调度交易机构披露信息可以采取下列方式: (一)电力企业的门户网站及其子网站; (二)报刊、广播、电视等媒体; (三)信息发布会; (四)简报、公告; (五)便于及时披露信息的其他方式。 第十二条 电力企业、电力调度交易机构披露信息应当保证所披露信息的真实性、及时性、完整性,并方便相关电力企业和用户获取。	(九)电力市场运行基本规则要求披露的有关信息; (十)电力监管机构要求披露的其他信息。 第十条 电力监管机构根据电力企业、电力调度交易机构披露信息的范围和内容,确定相应的披露方式和期限。 第十一条 电力企业、电力调度机构、电力交易机构披露信息可以采取下列方式: (一)门户网站及其子网站,电力市场技术支持系统、媒体公众号等; (二)报刊、广播、电视等媒体; (三)信息发布会; (四)简报、公告; (五)便于及时披露信息的其他方式。 第十二条 电力企业、电力调度机构、电力交易机构披露信息应当保证所披露信息的真实性、时性、完整性,并方便相关电力企业和用户获取。

续表

序号	规章名称及文号	发文单位及日期	修改内容	修改后内容
			第十三条 电力企业,电力调度交易机构应当指定具体负责信息披露的机构和人员,公开咨询电话和电子咨询邮箱,并报电力监管机构备案。	第十四条 电力企业,电力调度交易机构应当指定具体负责信息披露的机构和人员,公开咨询电话和电子咨询邮箱,并报电力监管机构备案。
			第十四条 电力监管机构对电力企业、电力调度交易机构披露信息的情况进行监督检查。电力监管机构根据披露信息工作需要,对电力企业、电力调度机构、电力交易机构披露信息的情况进行不定期抽查,并将抽查情况向社会公布。	第十五条 电力监管机构对电力企业、电力调度交易机构披露信息的情况进行监督检查。电力监管机构根据披露信息工作需要,对电力企业、电力调度机构、电力交易机构披露信息的情况进行不定期抽查,并将抽查情况向社会公布。
			第十六条 电力企业、电力调度交易机构未按照本规定披露有关信息或者披露虚假信息的,由电力监管机构给予批评,责令改正;拒不改正的,处5万元以上50万元以下的罚款,依法对直接负责的主管人员和其他直接责任人员给予处分。	第十七条 电力企业、电力调度交易机构未按照本规定披露有关信息或者披露虚假信息的,由电力监管机构给予批评,责令改正;拒不改正的,处5万元以上50万元以下的罚款,依法对直接负责的主管人员和其他直接责任人员给予处分。
			第十七条 国家电力监管委员会区域监管局根据本规定制定实施办法,报国家电力监管委员会批准后施行。	第十八条 国家能源局区域监管局根据本规定制定实施办法,报国家能源局批准后施行。

续表

序号	规章名称及文号	发文单位及日期	修改内容	修改后内容
9	《电力业务许可证管理规定》(2005年电监会令第9号 根据2015年5月30日国家发展改革委令第26号修订)	国家电力监管委员会 2005年10月13日	第三条 国家电力监管委员会(以下简称电监会)负责电力业务许可证的颁发和管理。电监会遵循依法、公开、公正、便民、高效的原则,建立电力业务许可证监督管理体系。 第四条 在中华人民共和国境内从事电力业务,应当按照本规定取得电力业务许可证。除电监会规定的特殊情况外,任何单位或者个人未取得电力业务许可证,不得从事电力业务。 本规定所称电力业务,是指发电、输电、供电业务,供电业务包括配电业务和售电业务。 第五条 取得电力业务许可证的单位(以下简称被许可人)按照本规定享有权利、承担义务,接受电监会及其派出机构(以下简称电力监管机构)的监督管理。被许可人依法开展电力业务,受法律保护。	第三条 国家能源局负责对电力业务许可证进行指导、监督和管理,国家能源局派出机构负责辖区内电力业务许可证的颁发和日常监督管理。国家能源局及其派出机构遵循依法、公开、公正、便民、高效的原则,建立电力业务许可证监督管理制度和组织管理体系。 第四条 在中华人民共和国境内从事电力业务,应当按照本规定取得电力业务许可证。除国家能源局规定的特殊情况外,任何单位或者个人未取得电力业务许可证,不得从事电力业务。 本规定所称电力业务,是指发电、输电、供电业务,供电业务包括配电业务和售电业务。 第五条 取得电力业务许可证的单位(以下简称被许可人)按照本规定享有权利、承担义务,接受国家能源局及其派出机构的监督管理。被许可人依法开展电力业务,受法律保护。

续表

序号	规章名称及文号	发文单位及日期	修改内容	修改后内容
			第七条 电力业务许可证分为发电、输电、供电三个类别。 从事发电业务的,应当取得发电类电力业务许可证。 从事输电业务的,应当取得输电类电力业务许可证。 从事供电业务的,应当取得供电类电力业务许可证。 从事两类以上电力业务的,应当分别取得两类以上电力业务许可证。 从事配电或者售电业务的许可管理办法,由电监会另行规定。	第七条 电力业务许可证分为发电、输电、供电三个类别。 从事发电业务的,应当取得发电类电力业务许可证。 从事输电业务的,应当取得输电类电力业务许可证。 从事供电业务的,应当取得供电类电力业务许可证。 从事两类以上电力业务的,应当分别取得两类以上电力业务许可证。 从事配电或者售电业务的许可管理办法,由国家能源局另行规定。
			第八条 下列从事发电业务的企业应当申请发电类电力业务许可证: (一)公用电厂; (二)并网运行的自备电厂; (三)电监会规定的其他企业。	第八条 下列从事发电业务的企业应当申请发电类电力业务许可证: (一)公用电厂; (二)并网运行的自备电厂; (三)国家能源局规定的其他企业。
			第九条 下列从事输电业务的企业应当申请输电类电力业务许可证: (一)跨区域经营的电网企业;	第九条 下列从事输电业务的企业应当申请输电类电力业务许可证: (一)跨区域经营的电网企业;

续表

序号	规章名称及文号	发文单位及日期	修改内容	修改后内容
			(二)跨省、自治区、直辖市经营的电网企业； (三)省、自治区、直辖市电网企业； (四)电监会规定的其他企业。 第十条 下列从事供电业务的企业应当申请供电类电力业务许可证： (一)省辖市、自治州、盟、地区供电企业； (二)县、自治县、县级市供电企业； (三)电监会规定的其他企业。 第十二条 申请发电类电力业务许可证的，除具备本规定第十一条所列基本条件外，还应当具备下列条件： (一)发电项目建设经有关主管部门审批或者核准； (二)发电设施具备发电运行的能力； (三)发电项目符合环境保护的有关规定和要求。 第十五条 申请电力业务许可证，应当向电监会提出，并按照规定的要求提交申请材料。	(二)跨省、自治区、直辖市经营的电网企业； (三)省、自治区、直辖市电网企业； (四)国家能源局规定的其他企业。 第十条 下列从事供电业务的企业应当申请供电类电力业务许可证： (一)省辖市、自治州、盟、地区供电企业； (二)县、自治县、县级市供电企业； (三)国家能源局规定的其他企业。 第十二条 申请发电类电力业务许可证的，除具备本规定第十一条所列基本条件外，还应当具备下列条件： (一)发电项目建设经有关主管部门审批或者核准(备案)； (二)发电设施具备发电运行的能力； (三)发电项目符合环境保护的有关规定和要求。 第十五条 申请电力业务许可证，应当向国家能源局派出机构提出，并按照规定的要求提交申请材料。

续表

序号	规章名称及文号	发文单位及日期	修改内容	修改后内容
			第十七条 申请电力业务许可证的,应当提供下列材料: (一)法定代表人签署的许可证申请表; (二)法人营业执照副本及其复印件; (三)企业最近2年的年度财务报告;成立不足2年的,出具企业成立以来的年度财务报告; (四)由具有合格资质的会计师事务所出具的最近2年的财务状况审计报告和对营运资金状况所出具的财务状况说明;成立不足2年的,出具企业成立以来的财务状况审计报告和对营运资金状况的说明; (五)企业生产运行负责人、安全负责人、技术负责人,财务负责人的简历、专业技术任职资格证书等有关证明材料。	第十七条 申请电力业务许可证的,应当提供下列材料: (一)法定代表人签署的许可证申请表; (二)法人营业执照副本及其复印件; (三)企业最近2年的年度财务报告;成立不足2年的,出具企业成立以来的年度财务报告; (四)企业成立以来的财务状况说明、安全负责人、技术负责人任职资格证书,出具企业成立以来的财务状况说明、安全负责人、财务负责人的简历、技术任职资格证书等有关证明材料。
			第二十一条 电监会对申请人提出的许可申请,应当根据下列情况分别作出处理: (一)申请事项不属于电监会职权范围的决定,向申请人发出《不予受理通知书》,并告知申请人向有关行政机关申请; (二)申请材料存在可以当场更正的错误的,应当允许申请人当场更正;	第二十一条 国家能源局派出机构对申请人提出的许可申请,应当按照下列情况分别作出处理: (一)申请事项不属于国家能源局派出机构职权范围的决定,向申请人发出《不予受理通知书》,并告知申请人向有关行政机关申请;

53

续表

序号	规章名称及文号	发文单位及日期	修改内容	修改后内容
			（三）申请材料不齐全或者不符合法定形式的，应当场或者在5日内一次告知申请人需要补正的全部内容，逾期不告知的，自收到申请材料之日起即为受理； （四）申请材料齐全、符合法定形式的，向申请人发出《受理通知书》。	（二）申请材料存在可以当场更正的错误的，应当允许申请人当场更正； （三）申请材料不齐全或者不符合法定形式的，应当场或者在5日内一次告知申请人需要补正的全部内容，逾期不告知的，自收到申请材料之日起即为受理； （四）申请材料齐全、符合法定形式的，向申请人发出《受理通知书》。
			第二十二条 电监会应当对申请人提交的申请材料进行审查。电监会根据需要，可以对申请材料的实质内容进行核实。	第二十二条 国家能源局派出机构应当对申请人提交的申请材料进行审查。国家能源局派出机构按照需要，可以对申请材料的实质内容进行核实。
			第二十三条 电监会作出电力业务许可决定，依法需要举行听证的，应当按照有关规定举行听证。	第二十三条 国家能源局派出机构作出电力业务许可决定，依法需要举行听证的，应当按照有关规定举行听证。
			第二十四条 电监会应当自受理申请之日起20日内作出许可决定。20日内不能作出决定的，经本机关负责人批准，可以延长10日，并将延长期限的理由告知申请人。	第二十四条 国家能源局派出机构应当自受理申请之日起20日内作出许可决定。20日内不能作出决定的，经本机关负责人批准，可以延长10日，并将延长期限的理由告知申请人。

54

续表

序号	规章名称及文号	发文单位及日期	修改内容	修改后内容
			作出准予许可决定的,自作出决定之日起10日内向申请人颁发、送达许可证。作出不予许可决定的,自作出决定之日起10日内以书面形式通知申请人,说明不予许可的理由,并告知申请人享有依法申请行政复议或者提起行政诉讼的权利。	作出准予许可决定的,自作出决定之日起10日内向申请人颁发、送达许可证。作出不予许可决定的,自作出决定之日起10日内以书面形式通知申请人,说明不予许可的理由,并告知申请人享有依法申请行政复议或者提起行政诉讼的权利。
			第二十六条 有下列情形之一的,被许可人应当在规定时限内向电监会提出变更申请,经审查符合法定条件的,电监会应当依法办理变更手续: (一)新建、改建发电机组投入运营,取得或者转让已运营的发电机组,发电机组退役; (二)新建、改建输电线路或者变电设施投入运营,终止运营输电线路或者变电设施; (三)供电营业区变更。	第二十六条 有下列情形之一的,被许可人应当在规定时限内向国家能源局派出机构提出变更申请;经审查符合法定条件的,国家能源局派出机构应当依法办理变更手续: (一)新建、改建发电机组投入运营,取得或者转让已运营的发电机组,发电机组退役; (二)新建、改建输电线路或者变电设施投入运营,终止运营输电线路或者变电设施; (三)供电营业区变更。
			第三十条 电力业务许可证有效期届满需要延续的,被许可人应当在电力业务许可证有效期届满30日前向电监会提出申请。电监会应当在电力业务许可证有效期届满前作出是否准予延续的决定。逾期未作出决定的,视为同意延续并补办相应手续。	第三十条 电力业务许可证有效期届满需要延续的,被许可人应当在电力业务许可证有效期届满30日前向国家能源局派出机构提出申请。国家能源局派出机构应当在电力业务许可证有效期届满前作出是否准予延续的决定。逾期未作出决定的,视为同意延续并补办相应手续。

55

续表

序号	规章名称及文号	发文单位及日期	修改内容	修改后内容
			第三十一条 电力监管机构建立健全电力业务许可监督检查体系和制度,对被许可证确定的条件、范围和义务从事电力业务的情况进行监督检查。电力监管机构依法开展监督检查工作,被许可人应当予以配合。	第三十一条 国家能源局及其派出机构建立健全电力业务许可监督检查体系和制度,对被许可证确定的条件、范围和义务从事电力业务的情况进行监督检查。国家能源局及其派出机构依法开展监督检查工作,被许可人应当予以配合。
			第三十二条 被许可人应当按照规定的时间,向电力监管机构提供反映其从事许可事项活动能力和行为的材料。电力监管机构应当对被许可人所报送的材料进行核查,将核查结果予以记录;对核查中发现的问题,应当责令限期改正。	第三十二条 被许可人应当按照规定的时间,向国家能源局及其派出机构提供反映其从事许可事项活动能力和行为的材料。国家能源局及其派出机构应当对被许可人所报送的材料进行核查,将核查结果予以记录;对核查中发现的问题,应当责令限期改正。
			第三十三条 电力监管机构依法对被许可人进行现场检查。检查中发现被许可证规定义务不履行电力业务许可证规定义务的行为,应当责令其改正。	第三十三条 国家能源局及其派出机构依法对被许可人进行现场检查。检查中发现被许可证规定义务有违反本规定和不履行电力业务许可证规定义务的行为,应当责令其改正。
			第三十四条 电力监督检查工作的人员应当如实记录监督检查情况和处理结果。电力监管机构可以将监督检查情况和处理结果向社会公布。	第三十四条 国家能源局及其派出机构对监督检查工作的人员应当如实记录监督检查情况和处理结果。国家能源局及其派出机构可以将监督检查情况和处理结果向社会公布。

续表

序号	规章名称及文号	发文单位及日期	修改内容	修改后内容
			第三十五条 任何组织和个人发现违反本规定的行为,有权向电力监管机构举报,电力监管机构应当进行核实,按照有关规定予以处理。	第三十五条 任何组织和个人发现违反本规定的行为,有权向国家能源局及其派出机构举报,国家能源局及其派出机构应当进行核实,按照有关规定予以处理。
			第三十六条 未经电监会批准,取得输电类或者供电类电力业务许可的企业不得擅自停业、歇业。	第三十六条 未经国家能源局及其派出机构批准,取得输电类或者供电类电力业务许可的企业不得擅自停业、歇业。
			第三十七条 被许可人名称、住所或者法定代表人发生变化的,应当自变化之日起30日内到电监会办理相关手续。	第三十七条 被许可人名称、住所或者法定代表人发生变化的,应当自变化之日起30日内到国家能源局派出机构办理相关手续。
			第三十八条 有下列情形之一的,电监会应当按照规定办理电力业务许可证的注销手续: (一)许可证有效期届满未延续的; (二)被许可人不再具有发电机组、输电网络或者供电营业区的; (三)被许可人申请停业、歇业被批准的; (四)被许可人因解散、破产、倒闭等原因而依法终止的; (五)电力业务许可证被依法被吊销,或者电力业务许可被撤销、撤回的;	第三十八条 有下列情形之一的,国家能源局派出机构应当按照规定办理电力业务许可证的注销手续: (一)许可证有效期届满未延续的; (二)被许可人不再具有发电机组、输电网络或者供电营业区的; (三)被许可人申请停业、歇业被批准的; (四)被许可人因解散、破产、倒闭等原因而依法终止的; (五)电力业务许可证被依法被吊销,或者电力业务

57

续表

序号	规章名称及文号	发文单位及日期	修改内容	修改后内容
			(六)经核查,被许可人已丧失从事许可事项活动能力的; (七)法律、法规规定应当注销的其他情形。	许可被撤销、撤回的; (六)经核查,被许可人已丧失从事许可事项活动能力的; (七)法律、法规规定应当注销的其他情形。
			第四十六条 本规定颁布实施前已经从事电力业务的企业,应当按照电监会规定的期限申请办理电力业务许可证。	第四十六条 本规定颁布实施前已经从事电力业务的企业,应当按照国家能源局规定的期限申请办理电力业务许可证。
			第四十七条 电力业务许可证由电监会统一印制和编号。	第四十七条 电力业务许可证由国家能源局统一印制和编号。

电力设施保护条例实施细则

（1999年3月18日国家经贸委、公安部令第8号公布　根据2011年6月30日国家发展改革委令第10号第一次修订　根据2024年1月4日《国家发展改革委关于修改部分规章的决定》第二次修订）

第一条　根据《电力设施保护条例》（以下简称《条例》）第三十一条规定，制定本实施细则。

第二条　本细则适用于中华人民共和国境内国有、集体、外资、合资、个人已建或在建的电力设施。

第三条　电力管理部门、公安部门、电力企业和人民群众都有保护电力设施的义务。各级地方人民政府设立的由同级人民政府所属有关部门和电力企业（包括：电网经营企业、供电企业、发电企业）负责人组成的电力设施保护领导小组，负责领导所辖行政区域内电力设施的保护工作，其办事机构设在相应的电网经营企业，负责电力设施保护的日常工作。

电力设施保护领导小组，应当在有关电力线路沿线组织群众护线，群众护线组织成员由相应的电力设施保护领导小组发给护线证件。

各省（自治区、直辖市）电力管理部门可制定办法，规定群众护线组织形式、权利、义务、责任等。

第四条　电力企业必须加强对电力设施的保护工作。对危害电力设施安全的行为，电力企业有权制止并可以劝其改正、责其恢复原状、强行排除妨害，责令赔偿损失、请求有关行政主管部门和司法机关处理，以及采取法律、法规或政府授权的其他必要手段。

第五条　架空电力线路保护区，是为了保证已建架空电力线路的安全运行和保障人民生活的正常供电而必须设置的安全区域。在厂矿、城镇、集镇、村庄等人口密集地区，架空电力线路保护区为导线边线在最大计算风偏后的水平距离和风偏后距建筑物的水平安全距离之和所形成的两平行线内的区域。各级电压导线边线在计算导线最大风偏情况下，距建筑物的水平安全距离如下：

1千伏以下	1.0米
1–10千伏	1.5米
35千伏	3.0米

66-110 千伏	4.0 米
154-220 千伏	5.0 米
330 千伏	6.0 米
500 千伏	8.5 米

第六条　江河电缆保护区的宽度为：

（一）敷设于二级及以上航道时，为线路两侧各100米所形成的两平行线内的水域；

（二）敷设于三级及以下航道时，为线路两侧各50米所形成的两平行线内的水域。

第七条　地下电力电缆保护区的宽度为地下电力电缆线路地面标桩两侧各0.75米所形成两平行线内区域。

发电设施附属的输油、输灰、输水管线的保护区依本条规定确定。

在保护区内禁止使用机械掘土、种植林木；禁止挖坑、取土、兴建建筑物和构筑物；不得堆放杂物或倾倒酸、碱、盐及其他有害化学物品。

第八条　禁止在电力电缆沟内同时埋设其他管道。未经电力企业同意，不准在地下电力电缆沟内埋设输油、输气等易燃易爆管道。管道交叉通过时，有关单位应当协商，并采取安全措施，达成协议后方可施工。

第九条　电力管理部门应指导电力设施产权单位在下列地点设置安全标志。

（一）架空电力线路穿越的人口密集地段；

（二）架空电力线路穿越的人员活动频繁的地区；

（三）车辆、机械频繁穿越架空电力线路的地段；

（四）电力线路上的变压器平台。

第十条　任何单位和个人不得在距电力设施周围五百米范围内（指水平距离）进行爆破作业。因工作需要必须进行爆破作业时，应当按国家颁发的有关爆破作业的法律法规，采取可靠的安全防范措施，确保电力设施安全，并征得当地电力设施产权单位或管理部门的书面同意，报经政府有关管理部门批准。

在规定范围外进行的爆破作业必须确保电力设施的安全。

第十一条　任何单位或个人不得冲击、扰乱发电、供电企业的生产和工作秩序，不得移动、损害生产场所的生产设施及标志物。

第十二条　任何单位或个人不得在距架空电力线路杆塔、拉线基础外缘的下列范围内进行取土、打桩、钻探、开挖或倾倒酸、碱、盐及其他有害化学物品的活动：

（一）35千伏及以下电力线路杆塔、拉线周围5米的区域；

（二）66千伏及以上电力线路杆塔、拉线周围10米的区域。

在杆塔、拉线基础的上述距离范围外进行取土、堆物、打桩、钻探、开挖活动时，必须遵守下列要求：

（一）预留出通往杆塔、拉线基础供巡视和检修人员、车辆通行的道路；

（二）不得影响基础的稳定，如可能引起基础周围土壤、砂石滑坡，进行上述活动的单位或个人应当负责修筑护坡加固；

（三）不得损坏电力设施接地装置或改变其埋设深度。

第十三条 在架空电力线路保护区内，任何单位或个人不得种植可能危及电力设施和供电安全的树木、竹子等高杆植物。

第十四条 超过4米高度的车辆或机械通过架空电力线路时，必须采取安全措施，并经县级以上的电力管理部门批准。

第十五条 架空电力线路一般不得跨越房屋。对架空电力线路通道内的原有房屋，架空电力线路建设单位应当与房屋产权所有者协商搬迁，拆迁费不得超出国家规定标准；特殊情况需要跨越房屋时，设计建设单位应当采取增加杆塔高度、缩短档距等安全措施，以保证被跨越房屋的安全。被跨越房屋不得再行增加高度。超越房屋的物体高度或房屋周边延伸出的物体长度必须符合安全距离的要求。

第十六条 架空电力线路建设项目和公用工程、城市绿化及其他工程之间发生妨碍时，按下述原则处理：

（一）新建架空电力线路建设工程、项目需穿过林区时，应当按国家有关电力设计的规程砍伐出通道，通道内不得再种植树木；对需砍伐的树木由架空电力线路建设单位按国家的规定办理手续和付给树木所有者一次性补偿费用，并与其签定不再在通道内种植树木的协议。

（二）架空电力线路建设项目、计划已经当地城市建设规划主管部门批准的，园林部门对影响架空电力线路安全运行的树木，应当负责修剪，并保持今后树木自然生长最终高度和架空电力线路导线之间的距离符合安全距离的要求。

（三）根据城市绿化规划的要求，必须在已建架空电力线路保护区内种植树木时，园林部门需与电力管理部门协商，征得同意后，可种植低矮树种，并由园林部门负责修剪以保持树木自然生长最终高度和架空电力线路导线之间的距离符合安全距离的要求。

（四）架空电力线路导线在最大弧垂或最大风偏后与树木之间的安全距离为：

电压等级	最大风偏距离	最大垂直距离
35-110 千伏	3.5 米	4.0 米
154-220 千伏	4.0 米	4.5 米
330 千伏	5.0 米	5.5 米
500 千伏	7.0 米	7.0 米

对不符合上述要求的树木应当依法进行修剪或砍伐,所需费用由树木所有者负担。

第十七条 城乡建设规划主管部门审批或规划已建电力设施(或已经批准新建、改建、扩建、规划的电力设施)两侧的新建建筑物时,应当会同当地电力管理部门审查后批准。

第十八条 在依法划定的电力设施保护区内,任何单位和个人不得种植危及电力设施安全的树木、竹子或高杆植物。

电力企业对已划定的电力设施保护区域内新种植或自然生长的可能危及电力设施安全的树木、竹子,应当予以砍伐,并不予支付林木补偿费、林地补偿费、植被恢复费等任何费用。

第十九条 电力管理部门对发生下列行为的单位或个人,根据贡献大小,给予相应物质奖励。

(一)检举、揭发破坏电力设施或哄抢、盗窃电力设施器材的行为符合事实的;

(二)同破坏电力设施或哄抢、盗窃电力设施器材的行为进行斗争并防止事故发生的;

(三)为保护电力设施与自然灾害作斗争,成绩突出或者为维护电力设施安全做出显著成绩的。

对维护、保护电力设施作出重大贡献的单位或个人,除按以上规定给予物质奖励外,还可由电力管理部门、公安部门或当地人民政府根据各自的权限给予表彰或荣誉奖励。

第二十条 下列危害电力设施的行为,情节显著轻微的,由电力管理部门责令改正;拒不改正的,处 1000 元以上 10000 元以下罚款:

(一)损坏使用中的杆塔基础的;

(二)损坏、拆卸、盗窃使用中或备用塔材、导线等电力设施的;

(三)拆卸、盗窃使用中或备用变压器等电力设备的。破坏电力设备、危害公共安全构成犯罪的,依法追究其刑事责任。

第二十一条 下列违反《电力设施保护条例》和本细则的行为,尚不构成犯罪的,由公安机关依据《中华人民共和国治安管理处罚法》予以处理:

（一）盗窃、哄抢库存或者已废弃停止使用的电力设施器材的；
（二）盗窃、哄抢尚未安装完毕或尚未交付使用单位验收的电力设施的；
（三）其他违反治安管理的行为。

第二十二条 电力管理部门为保护电力设施安全，对违法行为予以行政处罚，应当依照法定程序进行。

第二十三条 本实施细则自发布之日起施行，原能源部、公安部1992年12月2日发布的《电力设施保护条例实施细则》同时废止。

电网运行规则(试行)

（2006年11月3日电监会令第22号公布 根据2024年1月4日《国家发展改革委关于修改部分规章的决定》修订）

第一章 总 则

第一条 为了保障电力系统安全、优质、经济运行，维护社会公共利益和电力投资者、经营者、使用者的合法权益，根据《中华人民共和国电力法》、《电力监管条例》和《电网调度管理条例》，制定本规则。

第二条 电网运行坚持安全第一、预防为主的方针。电网企业及其电力调度机构、电网使用者和相关单位应当共同维护电网的安全稳定运行。

第三条 电网运行实行统一调度、分级管理。
电力调度应当公开、公平、公正。
本规则所称电力调度，是指电力调度机构(以下简称调度机构)对电网运行进行的组织、指挥、指导和协调。

第四条 国家能源局及其派出机构(以下简称电力监管机构)依法对电网运行实施监管。地方电力管理部门依照有关法律、行政法规和国务院有关规定，对地方电网运行落实属地管理和行业管理责任。

第五条 本规则适用于省级以上调度机构及其调度管辖范围内的电网企业、电网使用者和相关规划设计、施工建设、安装调试、研究开发等单位。

第二章 规划、设计与建设

第六条 电力系统的规划、设计和建设应当遵守国家有关规定和有关国家标准、行业标准。

第七条 电网与电源建设应当统筹考虑,合理布局,协调发展。

电网结构应当安全可靠、经济合理、技术先进、运行灵活,符合《电力系统安全稳定导则》和《电力系统技术导则》的要求。

第八条 经政府有关部门依法批准或者核准的拟并网机组,电网企业应当按期完成相应的电网一次设备、二次设备的建设、调试、验收和投入使用,保证并网机组电力送出的必要网络条件。

第九条 电力二次系统应当统一规划、统一设计,并与电力一次系统的规划、设计和建设同步进行。电网使用者的二次设备和系统应当符合电网二次系统技术规范。

第十条 涉口电网运行的接口技术规范,由调度机构组织制定,并报电力监管机构备案后施行。拟并网设备应当符合接口技术规范。

第十一条 电网企业和电网使用者应当采用符合国家标准、行业标准和相关国际标准,并经政府有关部门核准资质的检验机构检验合格的产品。

第十二条 在采购与电网运行相关或者可能影响电网运行特性的设备前,业主方应当组织包括调度机构在内的有关机构和专家对技术规范书进行评审。

第十三条 电网企业、电网使用者和受业主委托工作的相关单位,应当交换规划设计、施工调试等工作所需资料。

第三章 并网与互联

第十四条 新建、改建、扩建的发电工程、输电工程和变电工程投入运行前,拟并网方应当按照要求向调度机构提交并网调度所必需的资料。资料齐备的,调度机构应当按照规定程序向拟并网方提供继电保护、安全自动装置的定值和调度自动化、电力通信等设备的技术参数。

第十五条 新建、改建、扩建的发电工程、输电工程和变电工程投入运行前,调度机构应当对拟并网方的新设备启动并网提供有关技术指导和服务,适时编制新设备启动并网调度方案和有关技术要求,并协调组织实施。拟并网方应当按照新设备启动并网调度方案完成启动准备工作。

第十六条 新建、改建、扩建的发电工程、输电工程和变电工程投入运行前,拟并网方的二次系统应当完成与调度机构的联合调试、定值和数据核对等工作,并交换并网调试和运行所必需的数据资料。

第十七条 新建、改建、扩建的发电工程、输电工程和变电工程投入运行前,调度机构应当根据国家有关规定、技术标准和规程,组织认定拟并网方的并网基本条件。拟并网方不符合并网基本条件的,调度机构应当向拟并网方提出改进意见。

第十八条 发电厂需要并网运行的,并网双方应当在并网前签订并网调度协议。

电网与电网需要互联运行的,互联双方应当在互联前签订互联调度协议。

并网双方或者互联双方应当根据平等互利、协商一致和确保电力系统安全运行的原则签订协议并严格执行。

第十九条 发电厂、电网不得擅自并网或者互联,不得擅自解网。

第二十条 新建、改建、扩建的发电机组并网应当具备下列基本条件:

(一)新投产的电气一次设备的交接试验项目完整,符合有关标准和规程。

(二)发电机组装设符合国家标准或者行业标准的连续式自动电压调节器;100兆瓦以上火电机组、核电机组,50兆瓦以上水电机组的励磁系统原则上配备电力系统稳定器或者具备电力系统稳定器功能。

(三)发电机组参与一次调频。

(四)参与二次调频的100兆瓦以上的火电机组,40兆瓦以上非灯泡贯流式水电机组和抽水蓄能机组原则上具备自动发电控制功能,参与电网闭环自动发电控制;特殊机组根据其特性确定调频要求。

(五)发电机组具备进相运行的能力,机组实际进相运行能力根据机组参数和进相试验结果确定。

(六)拟并网方在调度机构的统一协调下完成发电机励磁系统、调速系统、电力系统稳定器、发电机进相能力、自动发电控制、自动电压控制、一次调频等调试,其性能和参数符合电网安全稳定运行需要;调试由具有资质的机构进行,调试报告应当提交调度机构,调度机构应当为完成调试提供必要的条件。

(七)发电厂至调度机构具备两个以上可用的独立路由的通信通道。

(八)发电机组具备电量采集装置并能够通过调度数据专网将关口数据传送至调度机构。

(九)发电厂调度自动化设备能够通过专线或者网络方式将实时数据传送至调度机构。

新建、改建、扩建的发电机组并网前应当按照有关文件和技术标准规定进行并网安全性评价,并经电力调度机构同意。

第二十一条 发电厂与电网连接处应当装设断路器。断路器的遮断容量、故障清除时间和继电保护配置应当符合所在电网的技术要求。

分、合操作频繁的抽水蓄能电厂的主断路器,其开断容量和开断次数应当具有比常规电厂的主断路器更大的设计裕量。

第二十二条 主网直供用户并网应当具备下列基本条件：

（一）主网直供用户向电网企业及其调度机构提供必要的数据，并能够向调度机构传送必要的实时信息。

（二）主网直供用户的电能量计量点设在并网线路的产权分界处，电能量计量点处安装计量上网电量和受网电量的具有双向、分时功能的有功、无功电能表，并能将电能量信息传输至调度机构。

（三）主网直供用户合理装设无功补偿装置、谐波抑制装置、自动电压控制装置、自动低频低压减负荷装置和负荷控制装置，并根据调度机构的要求整定参数和投入运行；主网直供用户的生产负荷与生活负荷在配电上分开，以满足负荷控制需要。

第二十三条 继电保护、安全自动装置、调度自动化、电力通信等电力二次系统设备应当符合调度机构组织制定的技术体制和接口规范。电力二次系统设备的技术体制和接口规范报电力监管机构备案后施行。

第二十四条 电力企业及相关电力用户应当按照有关文件要求，落实本单位二次系统的安全管理工作。调度机构按照国家相关规定负责调度管辖范围内涉网二次系统的技术监督工作。

第二十五条 电网互联双方应当联合进行频率控制、联络线控制、无功电压控制；根据联网后的变化，制定或者修正黑启动方案，修正本网的自动低频、低压减负荷方案；按照电网稳定运行需要协商确定安全自动装置配置方案。

第二十六条 除发生事故或者实行特殊运行方式外，电力系统频率、并网点电压的运行偏差应当符合国家标准和电力行业标准。

在发生事故的情况下，发电机组和其他相关设备运行特性对频率变化的适应能力仍应当符合国家标准。

第二十七条 电网使用者向电网注入的谐波应当不超过国家标准和电力行业标准。并入电网运行的电气设备应当能够承受国家标准允许的因谐波和三相不平衡导致的电压波形畸变。

第二十八条 电网企业与电网使用者的设备产权和维护分界点应当根据有关电力法律、法规确定，并在有关协议中详细划分并网或者互联设备的所有权和安全责任。

第二十九条 接入电网运行的设备调度管辖权，不受设备所有权或者资产管理权等的限制。

第四章 电网运行

第三十条 电网企业及其调度机构、发电厂等并网主体有责任保障电网频率电压稳定和可靠供电;调度机构应当合理安排运行方式,优化调度,维持电力平衡,保障电力系统的安全、优质、经济运行。

调度机构应当向电力监管机构和地方电力管理部门报送年度运行方式。

第三十一条　调度机构依照国家有关规定组织制定电力调度管理规程,并报电力监管机构和地方电力管理部门备案。电网企业及其调度机构、电网使用者和相关单位应当执行电力调度管理规程。

第三十二条　电网企业及其调度机构应当加强负荷预测,做好长期、中期、短期和超短期负荷预测工作,提高负荷预测准确率。

第三十三条　主网直供用户应当根据有关规定,按时向所属调度机构报送其主要接装容量和年用电量预测,按时申报年度、月度用电计划。

第三十四条　调度机构应当编制和下达发电调度计划、供(用)电调度计划和检修计划。

第三十五条　编制发电调度计划、供(用)电调度计划应当依据省级人民政府下达的调控目标和市场形成的电力交易结果,综合考虑社会用电需求、检修计划和电力系统设备能力等因素,并保留必要、合理的备用容量。调度计划应当经过安全校核。

第三十六条　水电调度运行应当充分利用水能资源,严格执行经审批的水库综合利用方案,确保大坝安全,防止发生洪水漫坝、水淹厂房事故。

水电厂应当及时、准确、可靠地向调度机构传输水库运行相关信息。

实施联合运行的梯级水库群,发电企业应当向调度机构提出优化调度方案。

第三十七条　发电企业应当按照发电调度计划和调度指令发电;主网直供用户应当按照供(用)电调度计划和调度指令用电。

对于不按照调度计划和调度指令发电的,调度机构应当予以警告;经警告拒不改正的,调度机构可以暂时停止其并网运行。

对于不按照调度计划和调度指令用电的,调度机构应当予以警告;经警告拒不改正的,调度机构可以暂时部分或者全部停止向其供电。

第三十八条　电网企业、电网使用者应当根据本单位电力设备的健康状况,向调度机构提出年度、月度检修预安排申请;调度机构应当在检修预安排申请的基础上根据电力系统设备的健康水平和运行能力,与申请单位协商,统筹兼顾,编制年度、月度检修计划。

第三十九条　电网企业、电网使用者应当按照检修计划安排检修工作,加强设备运行维护,减少非计划停运和事故。

电网企业、电网使用者可以提出临时检修申请,调度机构应当及时答复,

67

并在电网运行允许的情况下予以安排。

第四十条 电网企业和电网使用者应当提供用于维护电压、频率稳定和电网故障后恢复等方面的辅助服务。辅助服务的调度由调度机构负责。

第四十一条 电网的无功补偿实行分层分区、就地平衡的原则。调度机构负责电网无功的平衡和调整，必要时制定改进措施，由电网企业和电网使用者组织实施。调度机构按照调度管辖范围分级负责电网各级电压的调整、控制和管理。接入电网运行的发电厂、变电站等应当按照调度机构确定的电压运行范围进行调节。

第四十二条 调度机构在电网出现有功功率不能满足需求、超稳定极限、电力系统故障、持续的频率降低或者电压超下限、备用容量不足等情况时，可以按照有关地方人民政府批准的事故限电序位表和保障电力系统安全的限电序位表进行限电操作。电网使用者应当按照负荷控制方案在电网企业及其调度机构的指导下实施负荷控制。

第四十三条 发生威胁电力系统安全运行的紧急情况时，调度机构值班人员应当立即采取措施，避免事故发生和防止事故扩大。必要时，可以按照电力市场运行有关规定，通过调整系统运行方式等手段对电力市场实施干预，并按照规定向电力监管机构和地方电力管理部门报告。

第四十四条 调度机构负责电网的高频切机、低频自启动机组容量的管理，统一编制自动低频、低压减负荷方案并组织实施，定期进行系统实测。

第四十五条 继电保护、安全自动装置、调度自动化、电力通信等二次系统设备的运行维护、统计分析、整定配合，按照所在电网的调度管理规程和现场运行管理规程进行。

第四十六条 电网企业及其调度机构应当根据国家有关规定和有关国家标准、行业标准，制订和完善电网反事故措施、系统黑启动方案、系统应急机制和反事故预案。

电网使用者应当按照电网稳定运行要求编制反事故预案，并网发电厂应当制订全厂停电事故处理预案，并报调度机构备案。

电网企业、电网使用者应当按照设备产权和运行维护责任划分，落实反事故措施。

调度机构应当定期组织联合反事故演习，电网企业和电网使用者应当按照要求参加联合反事故演习。

第四十七条 电网企业和电网使用者应当开展电力可靠性管理工作、安全性评价工作和技术监督工作，提高安全运行水平。

第五章 附　　则

第四十八条　地(市)级以下调度机构及其调度管辖范围内的电网企业、电网使用者和相关单位参照本规则执行。

第四十九条　本规则所称电网使用者是指通过电网完成电力生产和消费的单位，包括发电企业(含自备发电厂)、主网直供用户等。

本规则所称主网直供用户是指与省(直辖市、自治区)级以上电网企业签订购售电合同的用户或者通过电网直接向发电企业购电的用户。

第五十条　本规则自2007年1月1日起施行。

供用电监督管理办法

（1996年5月19日电力工业部令第4号公布　根据2011年6月30日国家发展改革委令第10号第一次修订　根据2024年1月4日《国家发展改革委关于修改部分规章的决定》第二次修订）

第一章　总　　则

第一条　为加强电力供应与使用的监督管理，根据《电力供应与使用条例》第三十六条规定，制定本办法。

第二条　从事供用电监督管理的机构和人员，在执行监督检查任务时，必须遵守本办法。

第三条　供用电监督管理必须以事实为依据，以电力法律和行政法规以及电力技术标准为准则，遵循本办法的规定进行。

第二章　监督管理

第四条　县以上电力管理部门负责本行政区域内供电、用电的监督工作。但上级电力管理部门认为工作必需，可指派供用电监督人员直接进行监督检查。

第五条　供用电监督管理的职责是：

1. 宣传、普及电力法律和行政法规知识；
2. 监督电力法律、行政法规和电力技术标准的执行；

3. 监督国家有关电力供应与使用政策、方针的执行；

4. 协调处理供用电纠纷，依法保护电力投资者、供应者与使用者的合法权益；

5. 协助司法机关查处电力供应与使用中发生的治安、刑事案件；

6. 依法查处电力违法行为，并作出行政处罚。

第六条 供用电监督人员在依法执行监督检查公务时，不得少于两人，应出示行政执法证。被检查的单位应接受检查，并根据监督人员依法提出的要求，提供有关情况、回答有关询问、协助提取证据、出示工作证件等。

第七条 供用电监督人员依法执行监督公务时，应遵守被检查单位的保卫保密规定；现场勘查不得直接或替代他人从事电工作业，也不得非法干预被检查单位正常的生产调度工作。

第三章 监督检查人员资格

第八条 各级电力管理部门应依法配备供用电监督管理人员。担任供用电监督管理工作的人员应具备相应的专业技术能力和行政执法资格。

第九条 省级电力管理部门负责本行政区域内的供用电监督管理人员的资格审查和专门知识及技能的培训工作。县级以上电力管理部门可依法委托供用电监督协助人员。

第四章 电力违法行为查处

第十条 各级电力管理部门负责本行政区域内发生的电力违法行为查处工作。上级电力管理部门认为必要时，可直接查处下级电力管理部门管辖的电力违法行为，也可将自己查处的电力违法事件交由下级电力管理部门查处。对电力违法行为情节复杂，需由上一级电力管理部门查处更为适宜时，下级电力管理部门可报请上一级电力管理部门查处。

第十一条 电力管理部门对下列方式要求处理的电力违法事件，应当受理：

1. 用户或群众举报的；
2. 供电企业提请处理的；
3. 上级电力管理部门交办的；
4. 其他部门移送的。

电力管理部门对受理的电力违法事件，可视电力违法事件性质和危及电网安全运行的紧迫程度,可依法在现场查处,也可立案处理。

第十二条 电力违法行为,可用书面和口头方式举报。口头方式举报的事件,受理人应详细记录并经核对无误后,由举报人签章。举报人举报的事件如不愿使用真实姓名的,电力管理部门应尊重举报人的意愿。

第十三条 电力管理部门发现受理的举报事件不属于本部门查处的,应及时向举报人说明,同时将举报信函或笔录移送有权处理的部门。对明显的治安违法行为或刑事违法行为,电力管理部门应主动协助公安、司法机关查处。

第十四条 电力管理部门对危及电网运行安全或人身安全的违法行为,当供电企业在现场制止无效时,应当即指派供用电监督人员赶赴现场处理,制止违法行为,以确保电网和人身安全。

第十五条 对涉嫌电力违法行为的查处应符合行政处罚法及有关规定。当事人对行政处罚决定不服的,有权依法申请行政复议或提起行政诉讼。当事人逾期不履行行政处罚决定的,作出行政处罚决定的电力管理部门可以依法向人民法院申请强制执行。

第五章 行 政 处 罚

第十六条 违反《电力法》和国家有关规定,未取得相应类别电力业务许可证而从事电力供应业务者,电力管理部门应以书面形式责令其停止营业,没收其违法所得,并处以违法所得五倍以下的罚款。

第十七条 违反《电力法》和国家有关规定,擅自伸入或跨越其他供电企业供电营业区供电者,电力管理部门应以书面形式责令其拆除伸入或跨越的供电设施,没收其违法所得,并处以违法所得四倍以下的罚款。

第十八条 违反《电力法》和国家有关规定,擅自向外转供电者,电力管理部门应以书面形式责令其拆除转供电设施,没收其违法所得,并处以违法所得三倍以下的罚款。

第十九条 电力管理部门对危害供电、用电安全,扰乱正常供电、用电秩序的行为,除协助供电企业追缴电费外,应分别给予下列处罚:

1. 擅自改变用电类别的,应责令其改正,给予警告;再次发生的,可下达中止供电命令。
2. 擅自超过合同约定的容量用电的,应责令其改正,给予警告;拒绝改正的,可下达中止供电命令。
3. 擅自使用已经在供电企业办理暂停使用手续的电力设备,或者擅自启用已经被供电企业查封的电力设备的,应责令其改正,给予警告;启用电力设备危及电网安全的,可下达中止供电命令。

4. 擅自迁移、更动或者擅自操作供电企业的用电计量装置、电力负荷控制装置、供电设施以及约定由供电企业调度的用户受电设备,且不构成窃电和超指标用电的,应责令其改正,给予警告;造成他人损害的,还应责令其赔偿,危及电网安全的,可下达中止供电命令。

5. 未经供电企业许可,擅自引入、供出电力或者将自备电源擅自并网的,应责令其改正,给予警告;拒绝改正的,可下达中止供电命令。

第二十条　电力管理部门对盗窃电能的行为,应责令其停止违法行为,并处以应交电费五倍以下的罚款;构成违反治安管理行为的,由公安机关依照治安管理处罚法的有关规定予以处罚;构成犯罪的,依照刑法有关规定追究刑事责任。

第六章　附　　则

第二十一条　本办法自一九九六年九月一日起施行。

电力监管报告编制发布规定

(2007年4月10日电监会令第23号公布　根据2024年1月4日《国家发展改革委关于修改部分规章的决定》修订)

第一条　为了完善电力监管制度,加强电力监管,规范电力监管报告编制和发布行为,根据《电力监管条例》和国家有关规定,制定本规定。

第二条　本规定所称电力监管报告,是指国家能源局及其派出机构(以下简称电力监管机构)履行电力监管职责向社会公开发布的文书。

电力监管报告适用于电力监管机构公布电力企业、电力调度交易机构和其他有关单位(以下统称监管相对人)执行有关电力监管法律、法规、规章和其他规范性文件的情况,违反有关电力监管法律、法规、规章和其他规范性文件的行为以及电力监管机构的处理结果。

第三条　编制电力监管报告应当依法进行,坚持实事求是、客观公正的原则。

第四条　编制和发布电力监管报告,应当依法保守国家秘密和企业商业秘密,并充分考虑可能产生的社会影响。

第五条　电力监管机构根据年度监管工作重点,制定电力监管报告年度计划。

国家能源局编制发布的电力监管报告年度计划,由国家能源局局长办公会议决定。国家能源局派出机构编制发布的电力监管报告年度计划,由其局长(专员)办公会议决定。

电力监管报告年度计划应当明确电力监管报告的名称、起草单位、资料来源、完成时间等。

根据监管工作需要,国家能源局编制发布电力监管报告年度计划,经国家能源局局长批准,可以增加电力监管报告年度计划项目。

根据监管工作需要,国家能源局派出机构编制发布电力监管报告年度计划,经国家能源局派出机构局长(专员)批准,可以增加电力监管报告年度计划项目。

第六条　电力监管报告包括下列基本内容:

(一)标题,统一称为"××××××监管报告";

(二)监管依据,即实施监管所依据的有关电力监管法律、法规、规章和其他规范性文件的具体规定;

(三)基本情况,包括监管相对人的基本情况和监管相对人执行有关电力监管法律、法规、规章和其他规范性文件具体规定的基本情况;

(四)监管评价,即电力监管机构对监管相对人执行有关电力监管法律、法规、规章和其他规范性文件具体规定情况的评价意见;

(五)存在的违法违规问题,监管机构的处理结果和整改要求;

(六)监管建议,即对不属于电力监管机构直接处理的事项,可以向监管相对人或者政府有关部门提出建议。

第七条　电力监管报告由具体实施监管的部门、单位起草。

起草单位起草电力监管报告,应当如实反映监管相对人执行有关电力监管法律、法规、规章和其他规范性文件具体规定的情况,不得隐瞒实施监管中发现的监管相对人违反有关电力监管法律、法规、规章和其他规范性文件具体规定的行为。

起草单位引用监管相对人有关具体事实的,应当与监管相对人核实;发现相关信息事实不清或者相互矛盾的,应当进行调查。

第八条　监管相对人应当按照国家有关规定和电力监管机构的要求,及时提供有关文件、资料,并对有关文件、资料的真实性、完整性负责;配合和协助电力监管机构进行现场检查、电力事故调查、违法行为立案调查以及有关事实或者行为核查。

第九条 电力监管报告内容涉及其他单位或者部门职责的,起草单位应当征求相关单位或者部门的意见。

第十条 国家能源局编制发布的电力监管报告由国家能源局局长办公会议决定,国家能源局派出机构发布的电力监管报告由其局长(专员)办公会议决定。

国家能源局派出机构编制的电力监管报告,涉及跨区域或者在全国有重大影响的事项的,应当报国家能源局批准。

第十一条 电力监管报告以监管公告发布。

监管公告由国家能源局发布的,由国家能源局局长签署,监管公告由国家能源局派出机构发布的,由其局长(专员)签署。

监管公告应当载明序号、编制单位、电力监管报告名称、发布日期。

第十二条 电力监管报告可以通过下列形式向社会公开发布:

(一)广播、电视;

(二)报纸、杂志等出版物;

(三)政府门户网站;

(四)新闻发布会;

(五)其他形式。

第十三条 电力监管机构向社会公开发布电力监管报告形成的有关材料,应当按照有关规定整理归档。

第十四条 电力监管机构工作人员在编制发布电力监管报告工作中有下列情形之一的,依法追究其责任:

(一)有意隐瞒或者夸大事实的;

(二)玩忽职守造成信息、数据严重失实的;

(三)违反规定擅自对外公布报告内容的;

(四)违反国家有关保密规定的。

第十五条 监管相对人有下列情形之一的,依法追究其责任:

(一)拒绝或者阻碍电力监管机构依法履行监管职责的;

(二)提供虚假或者隐瞒重要事实的文件、资料的。

第十六条 国家能源局派出机构发布监管报告,报国家能源局备案。

第十七条 本规定自2007年5月10日起施行。

供电监管办法

(2009年11月26日电监会令第27号公布 根据2024年1月4日《国家发展改革委关于修改部分规章的决定》修订)

第一章 总 则

第一条 为了加强供电监管,规范供电行为,维护供电市场秩序,保护电力使用者的合法权益和社会公共利益,根据《电力监管条例》和国家有关规定,制定本办法。

第二条 国家能源局依照本办法和国家有关规定,履行全国供电监管和行政执法职能。

国家能源局派出机构(以下简称派出机构)负责辖区内供电监管和行政执法工作。

第三条 供电监管应当依法进行,并遵循公开、公正和效率的原则。

第四条 供电企业应当依法从事供电业务,并接受国家能源局及其派出机构(以下简称电力监管机构)的监管。供电企业依法经营,其合法权益受法律保护。

本办法所称供电企业是指依法取得电力业务许可证、从事供电业务的企业。

第五条 任何单位和个人对供电企业违反本办法和国家有关供电监管规定的行为,有权向电力监管机构投诉和举报,电力监管机构应当依法处理。

第二章 监管内容

第六条 电力监管机构对供电企业的供电能力实施监管。

供电企业应当加强供电设施建设,具有能够满足其供电区域内用电需求的供电能力,保障供电设施的正常运行。

第七条 电力监管机构对供电企业的供电质量实施监管。

在电力系统正常的情况下,供电企业的供电质量应当符合下列规定:

(一)向用户提供的电能质量符合国家标准或者电力行业标准;

(二)城市地区年供电可靠率不低于99%,城市居民用户受电端电压合格率不低于95%,10千伏以上供电用户受电端电压合格率不低于98%;

（三）农村地区年供电可靠率和农村居民用户受电端电压合格率符合派出机构的规定。派出机构有关农村地区年供电可靠率和农村居民用户受电端电压合格率的规定，应当报国家能源局备案。

供电企业应当审核用电设施产生谐波、冲击负荷的情况，按照国家有关规定拒绝不符合规定的用电设施接入电网。用电设施产生谐波、冲击负荷影响供电质量或者干扰电力系统安全运行的，供电企业应当及时告知用户采取有效措施予以消除；用户不采取措施或者采取措施不力，产生的谐波、冲击负荷仍超过国家标准的，供电企业可以按照国家有关规定拒绝其接入电网或者中止供电。

第八条 电力监管机构对供电企业设置电压监测点的情况实施监管。

供电企业应当按照下列规定选择电压监测点：

（一）35千伏专线供电用户和110千伏以上供电用户应当设置电压监测点；

（二）35千伏非专线供电用户或者66千伏供电用户、10(6、20)千伏供电用户，每10000千瓦负荷选择具有代表性的用户设置1个以上电压监测点，所选用户应当包括对供电质量有较高要求的重要电力用户和变电站10(6、20)千伏母线所带具有代表性线路的末端用户；

（三）低压供电用户，每百台配电变压器选择具有代表性的用户设置1个以上电压监测点，所选用户应当是重要电力用户和低压配电网的首末两端用户。

供电企业应当按照国家有关规定选择、安装、校验电压监测装置，监测和统计用户电压情况。监测数据和统计数据应当及时、真实、完整，并按照要求及时报送电力监管机构。

第九条 电力监管机构对供电企业保障供电安全的情况实施监管。

供电企业应当坚持安全第一、预防为主、综合治理的方针，遵守有关供电安全的法律、法规和规章，加强供电安全管理，建立、健全供电安全责任制度，完善安全供电条件，维护电力系统安全稳定运行，依法处置供电突发事件，保障电力稳定、可靠供应。

供电企业应当按照国家有关规定加强重要电力用户安全供电管理，指导重要电力用户配置和使用自备应急电源，建立自备应急电源基础档案数据库。

供电企业发现用电设施存在安全隐患，应当及时告知用户采取有效措施进行治理。用户应当按照国家有关规定消除用电设施安全隐患。用电设施存在严重威胁电力系统安全运行和人身安全的隐患，用户拒不治理的，供电企业可以按照国家有关规定对该用户中止供电。

第十条 电力监管机构对供电企业履行电力社会普遍服务义务的情况实施监管。

供电企业应当按照国家规定履行电力社会普遍服务义务,依法保障任何人能够按照国家规定的价格获得最基本的供电服务。

第十一条 电力监管机构对供电企业办理用电业务的情况实施监管。

供电企业应当按照国家规定的流程、时限等要求为用户提供便捷高效的用电报装服务。

第十二条 电力监管机构对供电企业向用户受电工程提供服务的情况实施监管。

供电企业应当对用户受电工程建设提供必要的业务咨询和技术标准咨询;对用户受电工程进行中间检查和竣工检验,应当执行国家有关标准;发现用户受电设施存在故障隐患时,应当及时一次性书面告知用户并指导其予以消除;发现用户受电设施存在严重威胁电力系统安全运行和人身安全的隐患时,应当指导其立即消除,在隐患消除前不得送电。

第十三条 电力监管机构对供电企业实施停电、限电或者中止供电的情况进行监管。

在电力系统正常的情况下,供电企业应当连续向用户供电。需要停电或者限电的,应当符合下列规定:

(一)因供电设施计划检修需要停电的,供电企业应当提前 7 日公告停电区域、停电线路、停电时间;

(二)因供电设施临时检修需要停电的,供电企业应当提前 24 小时公告停电区域、停电线路、停电时间;

(三)因电网发生故障或者电力供需紧张等原因需要停电、限电的,供电企业应当按照所在地人民政府批准的有序用电方案或者事故应急处置方案执行。

引起停电或者限电的原因消除后,供电企业应当尽快恢复正常供电。

供电企业对用户中止供电应当按照国家有关规定执行。

供电企业对重要电力用户实施停电、限电、中止供电或者恢复供电,应当按照国家有关规定执行。

第十四条 电力监管机构对供电企业处理供电故障的情况实施监管。

供电企业应当建立完善的报修服务制度,公开报修电话,保持电话畅通,24 小时受理供电故障报修。

供电企业应当迅速组织人员处理供电故障,尽快恢复正常供电。供电企业工作人员到达现场抢修的时限,自接到报修之时起,城区范围不超过 60 分钟,农村地区不超过 120 分钟,边远、交通不便地区不超过 240 分钟。因天气、交通等特殊原因无法在规定时限内到达现场的,应当向用户做出解释。

第十五条 电力监管机构对供电企业履行紧急供电义务的情况实施监管。

因突发事件需要紧急供电时,供电企业应当及时提供电力供应。

第十六条 电力监管机构对供电企业处理用电投诉的情况实施监管。

供电企业应当建立用电投诉处理制度,公开投诉电话。对用户的投诉,供电企业应当自接到投诉之日起 10 个工作日内提出处理意见并答复用户。

供电企业应当在供电营业场所设置公布电力服务热线电话和电力监管投诉举报电话的标识,该标识应当固定在供电营业场所的显著位置。

第十七条 电力监管机构对供电企业执行国家有关电力行政许可规定的情况实施监管。

供电企业应当遵守国家有关供电营业区、供电业务许可和承装(修、试)电力设施许可等规定。

第十八条 电力监管机构对供电企业公平、无歧视开放供电市场的情况实施监管。

供电企业不得从事下列行为:

(一)无正当理由拒绝用户用电申请;

(二)对趸购转售电企业符合国家规定条件的输配电设施,拒绝或者拖延接入系统;

(三)违反市场竞争规则,以不正当手段损害竞争对手的商业信誉或者排挤竞争对手;

(四)对用户受电工程指定设计单位、施工单位和设备材料供应单位;

(五)其他违反国家有关公平竞争规定的行为。

第十九条 电力监管机构对供电企业执行国家规定的电价政策和收费标准的情况实施监管。

供电企业应当严格执行国家电价政策,按照国家核准电价或者市场交易价,依据计量检定机构依法认可的用电计量装置的记录,向用户计收电费。

供电企业不得自定电价,不得擅自变更电价,不得擅自在电费中加收或者代收国家政策规定以外的其他费用。

供电企业不得自立项目或者自定标准收费;对国家已经明令取缔的收费项目,不得向用户收取费用。

供电企业应用户要求对产权属于用户的电气设备提供有偿服务时,应当执行政府定价或者政府指导价。没有政府定价和政府指导价的,参照市场价格协商确定。

第二十条 电力监管机构对供电企业签订供用电合同的情况实施监管。

供电企业应当按照国家有关规定，遵循平等自愿、协商一致、诚实信用的原则，与用户、趸购转售电单位签订供用电合同，并按照合同约定供电。

第二十一条 电力监管机构对供电企业执行国家规定的成本规则的情况实施监管。

供电企业应当按照国家有关成本的规定核算成本。

第二十二条 电力监管机构对供电企业信息公开的情况实施监管。

供电企业应当按照国家有关规定，采取便于用户获取的方式，公开供电服务信息。供电企业公开信息应当真实、及时、完整。

供电企业应当方便用户查询下列信息：

（一）用电报装信息和办理进度；

（二）用电投诉处理情况；

（三）其他用电信息。

第二十三条 电力监管机构对供电企业报送信息的情况实施监管。

供电企业应当按照《电力企业信息报送规定》向电力监管机构报送信息。供电企业报送信息应当真实、及时、完整。

第二十四条 电力监管机构对供电企业执行国家有关节能减排和环境保护政策的情况实施监管。

供电企业应当减少电能输送和供应环节的损失和浪费。

供电企业应当严格执行政府有关部门依法作出的对淘汰企业、关停企业或者环境违法企业采取停限电措施的决定。未收到政府有关部门决定恢复送电的通知，供电企业不得擅自对政府有关部门责令限期整改的用户恢复送电。

第二十五条 电力监管机构对供电企业实施电力需求侧管理的情况实施监管。

供电企业应当按照国家有关电力需求侧管理规定，采取有效措施，指导用户科学、合理和节约用电，提高电能使用效率。

第三章 监管措施

第二十六条 电力监管机构根据履行监管职责的需要，可以要求供电企业报送与监管事项相关的文件、资料，并责令供电企业按照国家规定如实公开有关信息。

电力监管机构应当对供电企业报送信息和公开信息的情况进行监督检

查,发现违法行为及时处理。

第二十七条　供电企业应当按照电力监管机构的规定将与监管相关的信息系统接入电力监管信息系统。

第二十八条　电力监管机构依法履行职责,可以采取下列措施,进行现场检查:

(一)进入供电企业进行检查;

(二)询问供电企业的工作人员,要求其对有关检查事项作出说明;

(三)查阅、复制与检查事项有关的文件、资料,对可能被转移、隐匿、损毁的文件、资料予以封存;

(四)对检查中发现的违法行为,可以当场予以纠正或者要求限期改正。

第二十九条　电力监管机构可以在用户中依法开展供电满意度调查等供电情况调查,并向社会公布调查结果。

第三十条　供电企业违反国家有关供电监管规定的,电力监管机构应当依法查处并予以记录;造成重大损失或者重大影响的,电力监管机构可以对供电企业的主管人员和其他直接责任人员依法提出处理意见和建议。

第三十一条　电力监管机构对供电企业违反国家有关供电监管规定,损害用户合法权益和社会公共利益的行为及其处理情况,可以向社会公布。

第四章　罚　　则

第三十二条　电力监管机构从事监管工作的人员违反电力监管有关规定,损害供电企业、用户的合法权益以及社会公共利益的,依照国家有关规定追究其责任;应当承担纪律责任的,依法给予处分;构成犯罪的,依法追究刑事责任。

第三十三条　供电企业违反本办法第六条规定,没有能力对其供电区域内的用户提供供电服务并造成严重后果的,电力监管机构可以吊销电力业务许可证,指定其他供电企业供电。

第三十四条　供电企业违反本办法第七条、第八条、第九条、第十条、第十一条、第十二条、第十三条、第十四条、第十五条、第十六条、第二十一条、第二十四条规定的,由电力监管机构责令改正,给予警告;情节严重的,对直接负责的主管人员和其他直接责任人员,依法给予处分。

第三十五条　供电企业违反本办法第十八条规定,由电力监管机构责令改正;拒不改正的,处10万元以上100万元以下罚款;对直接负责的主管人员和其他直接责任人员,依法给予处分;情节严重的,可以吊销电力业务许可证。

第三十六条 供电企业违反本办法第十九条规定的,电力监管机构可以责令改正并向有关部门提出行政处罚建议。

第三十七条 供电企业有下列情形之一的,由电力监管机构责令改正;拒不改正的,处5万元以上50万元以下罚款;对直接负责的主管人员和其他直接责任人员,依法给予处分;构成犯罪的,依法追究刑事责任:

(一)拒绝或者阻碍电力监管机构及其从事监管工作的人员依法履行监管职责的;

(二)提供虚假或者隐瞒重要事实的文件、资料的;

(三)未按照国家有关电力监管规章、规则的规定公开有关信息的。

第三十八条 对于违反本办法并造成严重后果的供电企业主管人员或者直接责任人员,电力监管机构可以建议将其调离现任岗位,3年内不得担任供电企业同类职务。

第五章 附 则

第三十九条 本办法所称以上、以下、不低于、不超过,包括本数。

第四十条 本办法自2010年1月1日起施行。2005年6月21日电监会发布的《供电服务监管办法(试行)》同时废止。

电力并网互联争议处理规定

(2006年11月2日电监会令第21号公布 根据2024年1月4日《国家发展改革委关于修改部分规章的决定》修订)

第一条 为了规范电力并网互联争议处理行为,促进电网公平、无歧视开放,保证电力交易正常进行,保障电力系统安全稳定运行,维护电力企业合法权益和社会公共利益,根据《电力监管条例》,制定本规定。

第二条 本规定所称电力并网互联争议,包括电力并网争议和电力互联争议。电力并网争议是指发电企业与电网企业达不成并网调度协议,影响电力交易正常进行的争议;电力互联争议是指电网企业之间达不成互联调度协议,影响电力交易正常进行的争议。

第三条 国家能源局及其派出机构(以下简称电力监管机构)处理电力并网互联争议应当遵循合理、合法、公正、高效的原则。

电力并网互联争议可能危及电力系统安全稳定运行或者造成其他重大影

响的,电力监管机构应当采取措施防止影响扩大。

第四条 电力监管机构工作人员处理电力并网互联争议,应当忠于职守,依法办事,公正廉洁,不得利用职务便利牟取不正当利益。

第五条 电力并网互联争议由争议所在地的国家能源局派出机构负责处理;跨区域的或者在全国范围内有重大影响的电力并网互联争议由国家能源局负责处理。

第六条 发电企业与电网企业之间、电网企业与电网企业之间发生电力并网互联争议,双方当事人应当协商解决;协商不成的,任何一方可以申请电力监管机构处理。

第七条 发电企业或者电网企业申请电力监管机构处理电力并网互联争议,应当提交书面申请书,并按照被申请人人数提交申请书副本。

申请书应当载明下列事项:

(一)当事人名称、住所和法定代表人姓名、职务;

(二)争议具体事项;

(三)具体的处理请求、事实及理由;

(四)相关证据材料及其目录。

第八条 电力监管机构收到电力并网互联争议处理申请书后,应当对申请书的内容进行初步审查,按照下列规定办理:

(一)符合本规定第二条、第五条规定的,应当予以受理,并自决定受理之日起7日内书面通知当事人,并将申请书副本送达被申请人;

(二)不符合本规定第二条、第五条规定的,不予受理,书面通知申请人,并说明不予受理的理由。

第九条 电力监管机构发现发电企业与电网企业之间、电网企业与电网企业之间发生电力并网互联争议的,应当由有管辖权的电力监管机构进行核查,对符合本规定第二条、第五条规定的,应当受理,并自决定受理之日起7日内书面通知当事人。

第十条 被申请人应当自收到受理通知之日起10日内向电力监管机构提交答辩书和有关证据材料。

电力监管机构依照本规定第九条受理的,当事人应当自收到受理通知之日起10日内向电力监管机构提交书面陈述和有关证据材料。

第十一条 电力监管机构办理电力并网互联争议,可以组成争议处理小组。

争议处理小组具体负责联系双方当事人,促进双方当事人意见交流,组织必要的调查研究和论证会,提出协调意见和裁决意见以及处理有关事项。

第十二条　电力监管机构办理电力并网互联争议,应当查明事实,充分听取双方的意见,审查当事人提供的书面材料和有关证据。必要时,电力监管机构可以组织当事人相互质证和辩论,也可以依法进行调查、检查或者核查。

电力监管机构办理电力并网互联争议,应当研究确定双方当事人的主要分歧,促使双方当事人围绕主要分歧交换意见。

第十三条　电力监管机构办理电力并网互联争议应当进行协调,在查明事实的基础上,依据法律、法规和规章,提出电力并网互联争议协调意见。

第十四条　当事人接受电力并网互联争议协调意见的,电力监管机构应当制作电力并网互联争议协调意见书,争议处理终止。

当事人应当根据电力并网互联争议协调意见书签署并网调度协议或者互联调度协议。

协调应当自争议受理之日起60日内终结。

第十五条　当事人一方或者双方不接受电力并网互联争议协调意见的,协调终结。电力监管机构应当自协调终结之日起15日内作出裁决。

第十六条　电力监管机构作出裁决,应当制作电力并网互联争议裁决书。电力并网互联争议裁决书应当包括下列内容:

(一)当事人的名称、住所、法定代表人的姓名和职务;

(二)争议的事项、理由和请求;

(三)裁决认定的事实和适用的法律、行政法规和规章等;

(四)裁决结果;

(五)不服裁决结果的救济途径和法定期限;

(六)作出裁决的机构名称、印章和日期。

第十七条　电力并网互联争议裁决书应当自电力监管机构作出裁决后10日内送达当事人。

第十八条　电力并网互联争议情况复杂的,经当事人申请或者电力监管机构认为必要,可以根据争议的不同类型,邀请与当事人无利害关系的电力技术、经济、法律方面的专家,举行专家论证会。每次论证会邀请的专家不得少于5人。

专家论证会作出的结论或者争议解决方案,应当作为电力并网互联争议协调意见或者裁决决定的依据。

第十九条　当事人在电力监管机构作出裁决前,可以自行依法达成协议,并报电力监管机构备案。

当事人自行达成协议的,视为撤销申请,争议处理终止。

第二十条　电力并网互联争议裁决依法作出后,当事人应当在裁决规定的时限内履行。逾期不履行的,由电力监管机构责令履行,并向社会公布;拒不履行的,电力监管机构依法申请人民法院强制执行。

第二十一条 当事人对电力监管机构作出的裁决不服的,可以依法提起行政复议或者行政诉讼。

第二十二条 当事人不遵守有关规章、规则的,根据《电力监管条例》第三十一条的规定依法予以处理。

第二十三条 当事人拒绝或者阻碍电力监管机构及其从事监管工作的人员依法履行监管职责,或者提供虚假或者隐瞒重要事实的文件、资料的,根据《电力监管条例》第三十四条的规定依法予以处理。

第二十四条 电力监管机构工作人员处理电力并网互联争议滥用职权、徇私舞弊、玩忽职守的,依法给予行政处分;构成犯罪的,依法追究刑事责任。

第二十五条 本规定自2007年1月1日起施行。

电力监管机构现场检查规定

(2006年4月7日电监会令第20号公布 根据2024年1月4日《国家发展改革委关于修改部分规章的决定》修订)

第一条 为了加强电力监管,规范电力监管机构现场检查行为,维护电力投资者、经营者、使用者的合法权益和社会公共利益,根据《电力监管条例》和有关法律、行政法规的规定,制定本规定。

第二条 本规定适用于国家能源局及其派出机构(以下简称电力监管机构)进入电力企业或者电力调度机构、电力交易机构的工作场所、用户的用电场所或者其他有关场所,对电力企业、电力调度机构、电力交易机构、用户或者其他有关单位(以下简称被检查单位)遵守国家有关电力监管规定的情况进行检查。

电力监管机构进行电力事故调查、对涉嫌违法行为的立案调查、对有关事实或者行为的核查,法律、法规、规章另有规定的,从其规定。

国务院决定或者批准进行的专项检查,其范围、内容、时限和程序另有规定的,从其规定。

第三条 电力监管机构进行现场检查应当统筹安排、注重实效。

第四条 电力监管机构进行现场检查应当事先拟定现场检查方案,经电力监管机构负责人审核批准后,制作现场检查通知书。

现场检查方案应当包括检查依据、检查时间、检查对象、检查事项等内容。

现场检查通知书应当包括检查依据、检查时间安排、检查事项、检查人员名单、被检查单位配合和协助的事项等内容。

第五条 电力监管机构应当事先将现场检查通知书的内容告知被检查单位。必要时，可以持现场检查通知书直接进行现场检查。

电力监管机构进行现场检查时，应当出具现场检查通知书。

第六条 电力监管机构进行现场检查时，检查人员不得少于2人。

检查人员进行现场检查时，应当出示行政执法证；未出示行政执法证的，被检查单位有权拒绝检查。

第七条 电力监管机构可以根据需要聘请具有相关专业知识的人员协助检查。

第八条 被检查单位及其工作人员应当配合和协助电力监管机构进行现场检查。

第九条 检查人员可以根据需要，询问被检查单位的工作人员，要求其对有关事项作出说明。询问时，检查人员不得少于2人。

被询问人应当客观、如实地向检查人员作出说明，不得隐瞒、捏造事实。

检查人员应当做好询问笔录。询问结束时，被询问人应当当场校核询问笔录并签字。

第十条 检查人员根据需要可以查阅、复制与检查事项有关的文件、资料，对可能被转移、隐匿、损毁的文件、资料予以封存。

被检查单位应当按照检查人员的要求提供有关资料、文件。

检查人员查阅、复制有关文件、资料，应当办理相关手续并妥善保存。

第十一条 检查人员进行现场检查时，发现被检查单位有违反国家有关电力监管规定的行为的，应当责令其当场改正或者限期改正，并制作笔录，由检查人员和被检查单位负责人签字确认。

责令限期改正的，被检查单位应当在规定的期限内提交限期改正的情况报告。逾期未改正的，电力监管机构可以继续进行现场检查。

第十二条 现场检查结束后，检查人员应当向电力监管机构提交现场检查报告。现场检查报告应当包括现场检查的基本情况、基本结论以及有关问题的处理情况等内容。

第十三条 现场检查结束后，电力监管机构应当及时向被检查单位反馈检查结果；必要时，可以按照有关规定向社会公开检查结果。

第十四条 电力监管机构对现场检查中发现的违法行为，依法应当给予行政处罚的，按照有关规定给予行政处罚。

第十五条 检查人员应当严肃执法、廉洁奉公。

检查人员有下列情形之一的,根据情节轻重,给予批评教育或者行政处分;构成犯罪的,依法追究刑事责任:
(一)违反规定的程序进行现场检查的;
(二)干预被检查单位正常的生产经营活动的;
(三)利用检查工作为本人、亲友或者他人谋取利益的;
(四)泄露检查工作中知悉的国家秘密、商业秘密、个人隐私的;
(五)其他违反现场检查规定的行为。
　　第十六条　被检查单位及其工作人员有下列情形之一的,按照《电力监管条例》第三十四条和国家有关规定处理:
(一)拒绝或者阻碍检查人员依法履行监管职责的;
(二)提供虚假或者隐瞒重要事实的文件、资料的。
　　第十七条　本规定自 2006 年 5 月 15 日起施行。

电力企业信息披露规定

(2005 年 11 月 30 日电监会令第 14 号公布　根据 2024 年 1 月 4 日《国家发展改革委关于修改部分规章的决定》修订)

第一章　总　　则

　　第一条　为了加强电力监管,规范电力企业、电力调度机构、电力交易机构的信息披露行为,维护电力市场秩序,根据《电力监管条例》,制定本规定。
　　第二条　电力企业、电力调度机构、电力交易机构披露有关电力建设、生产、经营、价格和服务等方面的信息,适用本规定。
　　第三条　电力企业、电力调度机构、电力交易机构披露信息遵循真实、及时、透明的原则。
　　第四条　国家能源局及其派出机构(以下简称电力监管机构)对电力企业、电力调度机构、电力交易机构如实披露有关信息的情况实施监管。

第二章　披露内容

　　第五条　从事发电业务的企业应当向电力调度机构、电力交易机构披露下列信息:
(一)发电机组基础参数;

（二）新增或者退役发电机组、装机容量；

（三）机组运行检修情况；

（四）机组设备改造情况；

（五）火电厂燃料情况或者水电厂来水情况；

（六）电力市场运行规则要求披露的信息；

（七）电力监管机构要求披露的其他信息。

第六条 从事输电业务的企业应当向从事发电业务的企业披露下列信息：

（一）输电网结构情况，输电线路和变电站规划、建设、投产的情况；

（二）电网内各类发电装机规模及明细；

（三）网内负荷和大用户负荷的情况；

（四）电力供需情况；

（五）主要输电通道的构成和关键断面的输电能力，网内发电厂送出线的输电能力；

（六）输变电设备检修计划和检修执行情况；

（七）电力安全生产情况；

（八）输电损耗情况；

（九）国家批准的输电电价；跨区域、跨省（自治区、直辖市）电能交易输电电价；大用户直购电输配电价；国家批准的收费标准；

（十）发电机组、直接供电用户并网接入情况，电网互联情况；

（十一）电力监管机构要求披露的其他信息。

第七条 从事供电业务的企业应当向电力用户披露下列信息：

（一）国家规定的供电质量标准；

（二）国家批准的配电电价、销售电价和收费标准；

（三）用电业务的办理程序；

（四）停电、限电和事故抢修处理情况；

（五）用电投诉处理情况；

（六）电力监管机构要求披露的其他信息。

第八条 电力调度机构应当向从事发电业务的企业披露下列信息：

（一）电网结构情况，并网运行机组技术性能等基础资料，新建或者改建发电设备、输电设备投产运行情况；

（二）电网安全运行的主要约束条件，电网重要运行方式的变化情况；

（三）发电设备、重要输变电设备的检修计划和执行情况；

（四）年度电力电量需求预测和电网中长期运行方式，电网年度分月负荷

预测;电网总发电量、最高最低负荷和负荷变化情况;年、季、月发电量计划安排和执行情况;

(五)跨区域、跨省(自治区、直辖市)电力电量交换年、季、月计划及执行情况;

(六)并网发电厂机组的上网电量、年度合同电量和其他电量完成情况,发电利用小时数;实行峰谷分时电价的,各机组峰、谷、平段发电量情况;

(七)并网发电厂执行调度指令、调度纪律情况,发电机组非计划停运情况,提供调峰、调频、无功调节、备用等辅助服务的情况;

(八)并网发电厂运行考核情况,考核所得电量、资金的使用情况;

(九)电力市场运行基本规则要求披露的有关信息;

(十)电力监管机构要求披露的其他信息。

第九条 电力交易机构应当向从事发电业务的企业披露下列信息:

(一)电力市场规则、电力市场交易制度等信息;

(二)市场暂停、中止、重新启动等情况;

(三)市场日历、交易公告信息;

(四)市场注册和管理情况;

(五)各类合同电量的交易组织、执行和结算情况,偏差电量考核以及有关费用分摊、返还情况,电网代理购电情况;

(六)并网发电主体上网电量、发电利用小时数情况,电量结算依据和服务提供情况;

(七)跨区域、跨省(自治区、直辖市)电力电量交换、电价执行和费用结算情况;

(八)其他公告信息,包括信息披露报告、违规行为通报、市场干预情况等;

(九)电力市场运行规则要求披露的有关信息;

(十)电力监管机构要求披露的其他信息。

第十条 电力监管机构根据监管工作的需要适时调整电力企业、电力调度机构、电力交易机构披露信息的范围和内容。

第三章 披露方式

第十一条 电力监管机构根据电力企业、电力调度机构、电力交易机构披露信息的范围和内容,确定相应的披露方式和期限。

第十二条 电力企业、电力调度机构、电力交易机构披露信息可以采取下列方式:

(一)门户网站及其子网站、电力市场技术支持系统、媒体公众号等;
(二)报刊、广播、电视等媒体;
(三)信息发布会;
(四)简报、公告;
(五)便于及时披露信息的其他方式。

第十三条 电力企业、电力调度机构、电力交易机构披露信息应当保证所披露信息的真实性、及时性、完整性,并方便相关电力企业和用户获取。

第十四条 电力企业、电力调度机构、电力交易机构应当指定具体负责信息披露的机构和人员,公开咨询电话和电子咨询邮箱,并报电力监管机构备案。

第四章 监督管理

第十五条 电力监管机构对电力企业、电力调度机构、电力交易机构披露信息的情况进行监督检查。

电力监管机构根据工作需要,对电力企业、电力调度机构、电力交易机构披露信息的情况进行不定期抽查,并将抽查情况向社会公布。

第十六条 电力监管机构每年对在信息披露工作中取得突出成绩的单位和个人给予表彰。

第十七条 电力企业、电力调度机构、电力交易机构未按照本规定披露有关信息或者披露虚假信息的,由电力监管机构给予批评,责令改正;拒不改正的,处5万元以上50万元以下的罚款,对直接负责的主管人员和其他直接责任人员,依法给予处分。

第五章 附 则

第十八条 国家能源局区域监管局根据本规定制定实施办法,报国家能源局批准后施行。

第十九条 本规定自2006年1月1日起施行。

电力业务许可证管理规定

(2005年10月13日电监会令第9号公布 根据2015年5月30日国家发展改革委令第26号第一次修订 根据2024年1月4日《国家发展改革委关于修改部分规章的决定》第二次修订)

第一章 总 则

第一条 为了加强电力业务许可证的管理,规范电力业务许可行为,维护电力市场秩序,保障电力系统安全、优质、经济运行,根据《中华人民共和国行政许可法》、《电力监管条例》和有关法律、行政法规的规定,制定本规定。

第二条 本规定适用于电力业务许可证的申请、受理、审查、决定和管理。国家另有规定的,从其规定。

第三条 国家能源局负责对电力业务许可进行指导、监督和管理,国家能源局派出机构负责辖区内电力业务许可证的颁发和日常监督管理。

国家能源局及其派出机构遵循依法、公开、公正、便民、高效的原则,建立电力业务许可证监督管理制度和组织管理体系。

第四条 在中华人民共和国境内从事电力业务,应当按照本规定取得电力业务许可证。除国家能源局规定的特殊情况外,任何单位或者个人未取得电力业务许可证,不得从事电力业务。

本规定所称电力业务,是指发电、输电、供电业务。其中,供电业务包括配电业务和售电业务。

第五条 取得电力业务许可证的单位(以下简称被许可人)按照本规定享有权利、承担义务,接受国家能源局及其派出机构的监督管理。被许可人依法开展电力业务,受法律保护。

第六条 任何单位和个人不得伪造、变造电力业务许可证;被许可人不得涂改、倒卖、出租、出借电力业务许可证,或者以其他形式非法转让电力业务许可。

第二章 类别和条件

第七条 电力业务许可证分为发电、输电、供电三个类别。

从事发电业务的,应当取得发电类电力业务许可证。

从事输电业务的,应当取得输电类电力业务许可证。

从事供电业务的,应当取得供电类电力业务许可证。

从事两类以上电力业务的,应当分别取得两类以上电力业务许可证。

从事配电或者售电业务的许可管理办法,由国家能源局另行规定。

第八条 下列从事发电业务的企业应当申请发电类电力业务许可证:

(一)公用电厂;

(二)并网运行的自备电厂;

(三)国家能源局规定的其他企业。

第九条 下列从事输电业务的企业应当申请输电类电力业务许可证:

(一)跨区域经营的电网企业;

(二)跨省、自治区、直辖市经营的电网企业;

(三)省、自治区、直辖市电网企业;

(四)国家能源局规定的其他企业。

第十条 下列从事供电业务的企业应当申请供电类电力业务许可证:

(一)省辖市、自治州、盟、地区供电企业;

(二)县、自治县、县级市供电企业;

(三)国家能源局规定的其他企业。

第十一条 申请电力业务许可证的,应当具备下列基本条件:

(一)具有法人资格;

(二)具有与申请从事的电力业务相适应的财务能力;

(三)生产运行负责人、技术负责人、安全负责人和财务负责人具有 3 年以上与申请从事的电力业务相适应的工作经历,具有中级以上专业技术任职资格或者岗位培训合格证书;

(四)法律、法规规定的其他条件。

第十二条 申请发电类电力业务许可证的,除具备本规定第十一条所列基本条件外,还应当具备下列条件:

(一)发电项目建设经有关主管部门审批或者核准(备案);

(二)发电设施具备发电运行的能力;

(三)发电项目符合环境保护的有关规定和要求。

第十三条 申请输电类电力业务许可证的,除具备本规定第十一条所列基本条件外,还应当具备下列条件:

(一)输电项目建设经有关主管部门审批或者核准;

(二)具有与申请从事的输电业务相适应的输电网络;

(三)输电项目按照有关规定通过竣工验收;

(四)输电项目符合环境保护的有关规定和要求。

第十四条 申请供电类电力业务许可证的,除具备本规定第十一条所列基本条件外,还应当具备下列条件:

(一)具有经有关主管部门批准的供电营业区;

(二)具有与申请从事供电业务相适应的供电网络和营业网点;

(三)承诺履行电力社会普遍服务义务;

(四)供电项目符合环境保护的有关规定和要求。

第三章 申请和受理

第十五条 申请电力业务许可证,应当向国家能源局派出机构提出,并按照规定的要求提交申请材料。

第十六条 本规定第八条、第九条、第十条所列企业,具有法人资格的,由本企业提出申请;不具有法人资格的,按照隶属关系由其法人企业提出申请。

第十七条 申请电力业务许可证的,应当提供下列材料:

(一)法定代表人签署的许可证申请表;

(二)法人营业执照副本及其复印件;

(三)企业最近2年的年度财务报告;成立不足2年的,出具企业成立以来的年度财务报告;

(四)企业生产运行负责人、技术负责人、安全负责人、财务负责人的简历、专业技术任职资格证书等有关证明材料。

第十八条 申请发电类电力业务许可证的,除提供本规定第十七条所列材料外,还应当提供下列材料:

(一)发电项目建设经有关主管部门审批或者核准的证明材料;

(二)发电项目通过竣工验收的证明材料;尚未组织竣工验收的,提供发电机组通过启动验收的证明材料或者有关主管部门认可的质量监督机构同意整套启动的质量监督检查报告;

(三)发电项目符合环境保护有关规定和要求的证明材料。

第十九条 申请输电类电力业务许可证的,除提供本规定第十七条所列材料外,还应当提供下列材料:

(一)输电项目建设经有关主管部门审批或者核准的证明材料;

(二)输电项目通过竣工验收的证明材料;

(三)输电项目符合环境保护有关规定和要求的证明材料;

(四)电能质量和服务质量承诺书。

第二十条 申请供电类电力业务许可证的,除提供本规定第十七条所列材料外,还应当提供下列材料:

(一)供电营业区域的证明材料及其地理平面图;

(二)供电网络分布概况;

(三)设立的供电营业分支机构及其相应的供电营业区域概况;

(四)履行电力社会普遍服务义务的承诺书;

(五)供电项目符合环境保护有关规定和要求的证明材料。

第二十一条 国家能源局派出机构对申请人提出的许可申请,应当按照下列情况分别作出处理:

(一)申请事项不属于国家能源局派出机构职权范围,应当即时作出不予受理的决定,向申请人发出《不予受理通知书》,并告知申请人向有关行政机关申请;

(二)申请材料存在可以当场更正的错误的,应当允许申请人当场更正;

(三)申请材料不齐全或者不符合法定形式的,应当当场或者在5日内一次告知申请人需要补正的全部内容,逾期不告知的,自收到申请材料之日起即为受理;

(四)申请材料齐全、符合法定形式的,向申请人发出《受理通知书》。

第四章　审查与决定

第二十二条 国家能源局派出机构应当对申请人提交的申请材料进行审查。

国家能源局派出机构按照需要,可以对申请材料的实质内容进行核实。

第二十三条 国家能源局派出机构作出电力业务许可决定,依法需要举行听证的,应当按照有关规定举行听证。

第二十四条 国家能源局派出机构应当自受理申请之日起20日内作出许可决定。20日内不能作出决定的,经本机关负责人批准,可以延长10日,并将延长期限的理由告知申请人。

作出准予许可决定的,自作出决定之日起10日内向申请人颁发、送达许可证。

作出不予许可决定的,自作出决定之日起10日内以书面形式通知申请人,说明不予许可的理由,并告知申请人享有依法申请行政复议或者提起行政诉讼的权利。

第二十五条 电力业务许可证由正文和附页组成。

正文载明许可证编号、登记名称、住所、法定代表人、许可类别、有效期限、发证机关、发证日期等内容。

附页包括许可证使用规定，被许可人的权利和义务，发电机组、输电网络或者供电营业区情况登记，检查情况记录，特别规定事项等内容。

电力业务许可证的有效期为20年。

第五章　变更与延续

第二十六条　有下列情形之一的，被许可人应当在规定时限内向国家能源局派出机构提出变更申请；经审查符合法定条件的，国家能源局派出机构应当依法办理变更手续：

（一）新建、改建发电机组投入运营，取得或者转让已运营的发电机组，发电机组退役；

（二）新建、改建输电线路或者变电设施投入运营，终止运营输电线路或者变电设施；

（三）供电营业区变更。

第二十七条　因新建、改建发电机组投入运营，申请变更许可事项的，应当提供下列材料：

（一）变更申请表；

（二）电力业务许可证；

（三）发电项目建设经有关主管部门审批或者核准的证明材料；

（四）有关主管部门认可的质量监督机构同意整套启动的质量监督检查报告；

（五）发电项目符合环境保护有关规定和要求的证明材料。

因取得或者转让已运营机组，申请变更许可事项的，除提供前款第（一）项、第（二）项所列材料外，还应当提供机组所有权合法转移的证明材料。

因机组退役，申请变更许可事项的，除提供本条第一款第（一）项、第（二）项所列材料外，还应当提供机组退役符合国家有关规定的证明材料。

第二十八条　因新建、改建输电线路或者变电设施投入运营，申请变更许可事项的，应当提供下列材料：

（一）变更申请表；

（二）电力业务许可证；

（三）输电项目建设经有关主管部门审批或者核准的证明材料；

（四）输电项目通过竣工验收的证明材料；

(五)输电项目符合环境保护有关规定和要求的证明材料。

因终止运营输电线路或者变电设施,申请变更许可事项的,除提供前款第(一)项、第(二)项所列材料外,还应当提供有关主管部门批准终止运营输电线路或者变电设施的证明材料。

第二十九条 因供电营业区变更,申请变更许可事项的,应当提供下列材料:

(一)变更申请表;

(二)电力业务许可证;

(三)供电营业区变更的证明材料;

(四)供电营业区变更的范围图例。

第三十条 电力业务许可证有效期届满需要延续的,被许可人应当在有效期届满30日前向国家能源局派出机构提出申请。

国家能源局派出机构应当在电力业务许可证有效期届满前作出是否准予延续的决定。逾期未作出决定的,视为同意延续并补办相应手续。

第六章 监督管理

第三十一条 国家能源局及其派出机构建立健全电力业务许可监督检查体系和制度,对被许可人按照电力业务许可证确定的条件、范围和义务从事电力业务的情况进行监督检查。

国家能源局及其派出机构依法开展监督检查工作,被许可人应当予以配合。

第三十二条 被许可人应当按照规定的时间,向国家能源局及其派出机构提供反映其从事许可事项活动能力和行为的材料。

国家能源局及其派出机构应当对被许可人所报送的材料进行核查,将核查结果予以记录;对核查中发现的问题,应当责令限期改正。

第三十三条 国家能源局及其派出机构依法对被许可人进行现场检查。检查中发现被许可人有违反本规定和不履行电力业务许可证规定义务的行为,应当责令其改正。

第三十四条 国家能源局及其派出机构进行监督检查工作的人员应当如实记录监督检查情况和处理结果。

国家能源局及其派出机构可以将监督检查情况和处理结果向社会公布。

第三十五条 任何组织和个人发现违反本规定的行为,有权向国家能源局及其派出机构举报,国家能源局及其派出机构应当进行核实,按照有关规定予以处理。

第三十六条 未经国家能源局及其派出机构批准,取得输电类或者供电类电力业务许可的企业不得擅自停业、歇业。

第三十七条 被许可人名称、住所或者法定代表人发生变化的,应当自变化之日起30日内到国家能源局派出机构办理相关手续。

第三十八条 有下列情形之一的,国家能源局派出机构应当按照规定办理电力业务许可证的注销手续:

(一)许可证有效期届满未延续的;
(二)被许可人不再具有发电机组、输电网络或者供电营业区的;
(三)被许可人申请停业、歇业被批准的;
(四)被许可人因解散、破产、倒闭等原因而依法终止的;
(五)电力业务许可证依法被吊销,或者电力业务许可被撤销、撤回的;
(六)经核查,被许可人已丧失从事许可事项活动能力的;
(七)法律、法规规定应当注销的其他情形。

第七章 罚 则

第三十九条 从事颁发和管理电力业务许可证的工作人员,违反法律、行政法规和本规定,擅自颁发电力业务许可证的,应当依法给予处分;构成犯罪的,依法追究刑事责任。

第四十条 未依法取得电力业务许可证非法从事电力业务的,应当责令改正,没收违法所得,可以并处以违法所得5倍以下的罚款;构成犯罪的,依法追究刑事责任。

第四十一条 被许可人以欺骗、贿赂等不正当手段获得电力业务许可证的,应当给予警告,处以1万元以下的罚款;构成犯罪的,依法追究刑事责任。

第四十二条 被许可人超出许可范围或者超过许可期限,从事电力业务的,应当给予警告,责令改正,并向社会公告;构成犯罪的,依法追究刑事责任。

第四十三条 被许可人有下列情形之一的,应当给予警告,责令改正,并可向社会公告:

(一)未经批准,擅自停业、歇业的;
(二)未在规定的期限内申请变更的。

第四十四条 被许可人有下列情形之一的,应当责令改正;拒不改正的,处以5万元以上50万元以下的罚款,对直接负责的主管人员和其他直接责任人员,依法给予处分;构成犯罪的,依法追究刑事责任:

（一）拒绝或者阻碍电力监管工作人员依法履行监管职责的；

（二）提供虚假或者隐瞒重要事实的文件、资料的。

第四十五条 涂改、倒卖、出租、出借电力业务许可证或者以其他形式非法转让电力业务许可的，应当依法给予行政处罚；构成犯罪的，依法追究刑事责任。

第八章　附　　则

第四十六条 本规定颁布实施前已经从事电力业务的企业，应当按照国家能源局规定的期限申请办理电力业务许可证。

第四十七条 电力业务许可证由国家能源局统一印制和编号。

第四十八条 本规定自2005年12月1日起施行。

社会组织名称管理办法

（2024年1月8日民政部令第69号公布　自2024年5月1日起施行　国司备字[2024010250]）

第一条 为加强和完善社会组织名称管理，保护社会组织合法权益，根据社会组织登记管理相关法律、行政法规和国家有关规定，制定本办法。

第二条 本办法适用于依法办理登记的社会组织。

本办法所称的社会组织，包括社会团体、基金会和民办非企业单位。

第三条 国务院民政部门主管全国社会组织名称管理工作，县级以上人民政府民政部门(以下称登记管理机关)负责本机关登记的社会组织名称管理工作。

第四条 国务院民政部门建立全国社会组织信用信息公示平台，为社会组织名称信息查询提供支持。

第五条 社会组织只能登记一个名称，社会组织名称受法律保护。

第六条 社会组织名称应当符合法律、行政法规、规章和国家有关规定，准确反映其特征，具有显著识别性。

社会团体的名称应当与其业务范围、会员分布、活动地域相一致。基金会、民办非企业单位的名称应当与其业务范围、公益目的相一致。

第七条 社会组织命名应当遵循含义明确健康、文字规范简洁的原则。

民族自治地方的社会组织名称可以同时使用本民族自治地方通用的民族

文字。

社会组织名称需要翻译成外文使用的,应当按照文字翻译的原则翻译使用。

第八条 社会团体名称由行政区划名称、行(事)业领域或者会员组成、组织形式依次构成。异地商会名称由行政区划名称、原籍地行政区划专名和"商会"字样依次构成。

基金会、民办非企业单位名称由行政区划名称、字号、行(事)业领域、组织形式依次构成。

国务院民政部门登记的社会组织名称一般不冠以行政区划名称;按照国家有关规定经过批准的,可以冠以"中国"、"全国"、"中华"等字词。

第九条 社会组织名称中的行政区划名称应当是社会组织住所地的县级以上地方行政区划名称。市辖区名称在社会组织名称中使用时,应当同时冠以其所属的设区的市的行政区划名称。开发区等区域名称在社会组织名称中使用时,应当与行政区划名称连用,不得单独使用。

城乡社区社会组织名称可以在县级行政区划名称后,缀以其住所地的乡镇(街道)或者村(社区)名称。

第十条 基金会和民办非企业单位的字号应当由两个以上汉字组成,不得使用语句和句群,且应当与行(事)业领域显著区分。

县级以上地方行政区划名称(专名或者简称)、行(事)业领域不得作为字号,但具有其他含义且可以明确识别的除外。

基金会不得使用姓氏作为字号。冠以"中国"、"全国"、"中华"等字词以及符合国务院民政部门规定的其他情形的基金会,可以不使用字号。

第十一条 社会组织名称中的行(事)业领域表述应当明确、清晰,与社会组织主要业务范围相一致。

社会组织名称中的行(事)业领域应当根据国民经济行业分类标准、学科分类标准和社会组织的主要业务等标明。社会团体名称中的会员组成应当根据国家职业分类标准、会员共同特点等标明。没有相关规定的,社会组织可以参照国家有关政策进行表述。行(事)业领域不得使用"第一"、"最高"、"国家级"等具有误导性的文字,但具有其他含义的除外。

县级以上地方人民政府的登记管理机关登记的社会组织名称中间含有"中国"、"全国"、"中华"、"国际"、"世界"等字词的,该字词应当是行(事)业领域限定语,并且符合国家有关规定。

第十二条 社会组织名称应当规范标明其组织形式。

社会团体名称应当以"协会"、"商会"、"学会"、"研究会"、"促进会"、"联合会"等字样结束。

基金会名称应当以"基金会"字样结束。

民办非企业单位名称应当以"学校"、"大学"、"学院"、"医院"、"中心"、"院"、"园"、"所"、"馆"、"站"、"社"等字样结束。结束字样中不得含有"总"、"连锁"、"集团"等。

第十三条　社会组织名称不得有下列情形：

（一）损害国家尊严或者利益；

（二）损害社会公共利益或者妨碍社会公共秩序；

（三）含有淫秽、色情、赌博、迷信、恐怖、暴力的内容；

（四）含有民族、种族、宗教、性别歧视的内容；

（五）违背公序良俗或者可能有其他不良影响；

（六）含有外国文字、汉语拼音字母、阿拉伯数字；

（七）可能使公众受骗或者产生误解；

（八）法律、行政法规、规章和国家有关规定禁止的其他情形。

第十四条　社会团体名称中确有必要含有法人、非法人组织名称的,仅限于作为行(事)业领域限定语且符合国家有关规定。

基金会名称不得使用政党名称、国家机关名称、部队番号以及其他基金会名称,使用其他法人或者非法人组织名称的,仅限于作为字号使用,并应当符合下列要求：

（一）不得含有营利法人或者其他营利组织的组织形式；

（二）经该法人或者非法人组织依法授权；

（三）该法人或者非法人组织应当为基金会的捐赠人。

民办非企业单位名称中不得含有法人、非法人组织名称。

第十五条　社会组织一般不得以党和国家领导人、老一辈革命家、政治活动家的姓名命名。

社会团体名称一般不以自然人姓名命名,确有需要的,仅限于在科技、文化、卫生、教育、艺术领域内有重大贡献、在国内国际享有盛誉的杰出人物。

基金会、民办非企业单位名称以自然人姓名作为字号的,需经该自然人同意。使用已故名人的姓名作为字号的,该名人应当是在相关公益领域内有重大贡献、在国内国际享有盛誉的杰出人物。

社会组织名称使用自然人姓名的,该自然人不得具有正在或者曾经受到剥夺政治权利的情形。

法律、行政法规和国家有关规定关于使用自然人姓名另有规定的,从其规定。

第十六条 在同一登记管理机关,申请人拟使用的社会组织名称或者名称中的字号,不得与下列同行(事)业领域且同组织形式的社会组织名称或者名称中的字号相同:

(一)已经登记的社会组织;

(二)已经名称变更登记或者注销登记未满1年的原社会组织;

(三)被撤销成立登记或者被撤销名称变更登记未满3年的社会组织。

第十七条 社会团体、基金会依法设立的分支机构、代表机构名称,应当冠以其所从属社会组织名称的规范全称。社会团体分支机构名称应当以"分会"、"专业委员会"、"工作委员会"、"专家委员会"、"技术委员会"等准确体现其性质和业务领域的字样结束;基金会分支机构名称一般以"专项基金管理委员会"等字样结束。社会团体、基金会代表机构名称应当以"代表处"、"办事处"、"联络处"字样结束。

社会团体、基金会的分支机构、代表机构名称,除冠以其所从属社会组织名称外,不得以法人组织名称命名;在名称中使用"中国"、"全国"、"中华"等字词的,仅限于作为行(事)业领域限定语。

第十八条 社会组织内部设立的办事机构名称,应当以"部"、"处"、"室"等字样结束,除冠以其所从属社会组织名称外,不得以法人组织名称命名,且区别于分支机构、代表机构名称。

第十九条 社会组织名称由申请人自主拟定,并向登记管理机关提交有关申请材料。申请人提交的申请材料应当真实、准确、完整。

实行双重管理的社会组织的名称,应当先经其业务主管单位审查同意。

第二十条 登记管理机关在办理社会组织登记时,认为社会组织名称符合本办法的,按照登记程序办理;发现社会组织名称不符合本办法的,不予登记并说明理由。

登记管理机关审查名称时,可以听取相关管理部门、利益相关方的意见。

第二十一条 社会组织应当在其住所或者主要活动场所标明社会组织名称。社会组织的印章、银行账户、法律文书、门户网站、新媒体平台等使用的社会组织名称,应当与其登记证书上的社会组织名称相一致。

使用社会组织名称应当遵守法律法规,诚实守信,不得损害国家利益、社会利益或者他人合法权益。

第二十二条 登记管理机关依法对本机关登记的社会组织使用名称的行为进行监督,为社会组织提供名称管理政策指导和咨询服务。

第二十三条 登记管理机关应当及时纠正本机关登记的不符合规定的社会组织名称。

第二十四条 社会组织申请登记或者使用名称违反本办法的,依照社会组织登记管理相关法律、行政法规的规定予以处罚。

登记管理机关工作人员在社会组织名称管理工作中利用职务之便弄虚作假、玩忽职守的,依法追究责任。

第二十五条 本办法自2024年5月1日起施行。《基金会名称管理规定》(民政部令第26号)、《民政部关于印发〈民办非企业单位名称管理暂行规定〉的通知》(民发[1999]129号)同时废止。

交通运输工程施工单位主要负责人、项目负责人和专职安全生产管理人员安全生产考核管理办法

(2024年1月8日交通运输部令2024年第2号公布 自2024年3月1日起施行 国司备字[2024010247])

第一章 总 则

第一条 为了规范交通运输工程施工单位主要负责人、项目负责人和专职安全生产管理人员安全生产考核管理工作,根据《中华人民共和国安全生产法》《建设工程安全生产管理条例》等有关法律、行政法规,制定本办法。

第二条 交通运输工程施工单位主要负责人、项目负责人和专职安全生产管理人员(以下统称安管人员)安全生产考核及监督管理,适用本办法。

交通运输工程施工单位安管人员应当具备从事交通运输工程施工活动相应的安全生产知识和管理能力,通过安全生产考核后方可任职。

第三条 本办法所称主要负责人,是指对施工单位生产经营活动具有决策权、全面负责安全生产工作的人员,主要包括董事长、经理。

本办法所称项目负责人,是指取得相应执业资格、由施工单位书面确定、对建设工程项目的安全施工负责的人员,主要包括项目经理。

本办法所称专职安全生产管理人员,是指在施工单位专职从事安全生产管理的人员。

第四条 交通运输部主管全国交通运输工程施工单位安管人员安全生产考核工作。

省级人民政府交通运输主管部门(以下称为考核部门)负责具体实施本行政区域内交通运输工程施工单位安管人员安全生产考核工作。

第二章 安全生产考核

第五条 交通运输工程安管人员安全生产考核分为公路工程和水运工程两个领域,每个领域按照岗位类型均分为主要负责人考核、项目负责人考核和专职安全生产管理人员考核。

安管人员应当按照考核合格证书明确的工程领域、岗位类型从事相应的安全生产工作,依法履行安全生产管理职责。

第六条 申请安管人员安全生产考核的人员,应当符合以下条件:

(一)与公路工程或者水运工程施工单位已建立劳动关系;

(二)安全生产考试成绩合格;

(三)申请项目负责人安全生产考核的,还应当具备公路工程或者水运工程相关专业建造师执业资格。

第七条 交通运输部制定并公布安全生产考试大纲,考试内容包括安全生产知识和管理能力。

安全生产考试由考核部门负责组织实施。考核部门应当在每年第一季度向社会公布安全生产考试年度计划,并在考试举办 30 日前公告考试时间等考务内容。

第八条 安全生产考试成绩合格人员应当自取得考试成绩之日起 1 年内申请安管人员安全生产考核。逾期未申请的,应当在符合本办法规定的继续教育学时要求后方可申请。

第九条 有下列情形之一的,不得申请安管人员安全生产考核:

(一)因对生产安全事故负有责任受到相关刑事、行政处罚且未履行完毕;

(二)申请主要负责人安全生产考核的,被依法终身取消担任本行业生产经营单位主要负责人资格;

(三)申请项目负责人安全生产考核的,年龄超过建造师执业年龄;

(四)申请专职安全生产管理人员安全生产考核的,年龄超过法定退休年龄。

第十条 申请人可以自行或者由受聘的施工单位,通过安管人员安全生产考核相关信息系统,向施工单位注册地考核部门申请安全生产考核,在线提交下列材料或者信息,并对材料或者信息的真实性负责:

(一)安全生产考核申请表;

(二)申请人身份证明;

(三)申请人与施工单位建立劳动关系的证明文件;

(四)申请项目负责人安全生产考核的,还应当提交建造师执业资格证书。

第十一条 考核部门应当按照《交通行政许可实施程序规定》开展许可工作。符合本办法第六条规定条件且不存在本办法第九条规定情形的，考核部门应当准予许可，颁发相应的考核合格证书。

考核合格证书在全国范围内有效，有效期3年，证书式样及编号规则由交通运输部统一规定。

第十二条 安管人员在考核合格证书有效期内，应当参加交通运输主管部门组织的继续教育，每年度不少于12学时。

第十三条 考核合格证书有效期届满需要延续的，应当提前3个月向原考核部门提交延续申请。

申请人符合下列条件的，原考核部门应当在有效期届满前作出准予延续的决定，证书有效期延续3年：

（一）符合本办法第六条规定的条件且不存在本办法第九条规定的情形；

（二）完成继续教育规定的学时。

不符合前款规定条件的，原考核部门应当责令限期整改，逾期不整改或者整改后仍不符合条件的，应当作出不予延续的决定。

第十四条 安管人员受聘的施工单位发生变化的，应当在30日内向原考核部门申请办理考核合格证书变更手续。

安管人员的岗位类型或者从事的工程领域发生变化的，应当依据本办法的规定重新申请安全生产考核。

第十五条 安管人员申请注销考核合格证书或者有《中华人民共和国行政许可法》第七十条规定情形的，原考核部门应当依法办理注销手续。

第十六条 安管人员安全生产考核和继续教育不得收费。

第十七条 任何单位和个人不得涂改、倒卖、出租、出借或者以其他形式非法转让考核合格证书。

第三章 监督检查与法律责任

第十八条 交通运输主管部门应当依法对安管人员持证上岗、履行职责等情况进行监督检查，监督检查不得影响被检查单位的正常生产经营活动。

有关单位和个人对依法进行的监督检查应当予以配合，不得拒绝、阻挠。

第十九条 交通运输主管部门发现安管人员存在违法违规行为的，应当依法进行查处，并将违法事实、处理结果告知考核部门。

第二十条 交通运输主管部门应当建立健全安管人员信用管理制度，依法对安管人员实施信用监管。

第二十一条 安管人员以欺骗、贿赂等不正当手段取得考核合格证书的，应当予以撤销，并在 3 年内不得再次申请该安全生产考核。

第二十二条 主要负责人未依法履行安全生产管理职责的，责令限期改正，处 2 万元以上 5 万元以下的罚款；逾期未改正的，处 5 万元以上 10 万元以下的罚款，责令施工单位停产停业整顿。

有前款违法行为，导致发生生产安全事故的，给予撤职处分；构成犯罪的，依照刑法有关规定追究刑事责任。

主要负责人依照前款规定受刑事处罚或者撤职处分的，自刑罚执行完毕或者受处分之日起，5 年内不得担任任何生产经营单位的主要负责人；对重大、特别重大生产安全事故负有责任的，终身不得担任本行业生产经营单位的主要负责人。

第二十三条 项目负责人未依法履行安全生产管理职责的，责令限期改正，处 1 万元以上 3 万元以下的罚款。

有前款违法行为，导致发生一般生产安全事故的，暂停考核合格证书 6 个月至 12 个月，并处上一年年收入 20% 以上 30% 以下的罚款；导致发生较大以上生产安全事故的，吊销考核合格证书，并处上一年年收入 30% 以上 50% 以下的罚款。构成犯罪的，依照刑法有关规定追究刑事责任。

第二十四条 专职安全生产管理人员未依法履行安全生产管理职责的，责令限期改正，处 1 万元以上 3 万元以下的罚款。

有前款违法行为，导致发生一般生产安全事故的，暂停考核合格证书 3 个月至 6 个月，并处上一年年收入 20% 以上 30% 以下的罚款；导致发生较大生产安全事故的，暂停考核合格证书 6 个月至 12 个月，并处上一年年收入 30% 以上 40% 以下的罚款；导致发生重大、特别重大生产安全事故的，吊销考核合格证书，并处上一年年收入 40% 以上 50% 以下的罚款。构成犯罪的，依照刑法有关规定追究刑事责任。

第二十五条 交通运输主管部门工作人员在安全生产考核和监督管理工作中玩忽职守、滥用职权、徇私舞弊的，由所在单位或者其上级机关依照国家有关规定给予行政处分；构成犯罪的，依法追究刑事责任。

第四章 附 则

第二十六条 铁路、民航工程施工单位主要负责人、项目负责人和专职安全生产管理人员安全生产考核及监督管理，应当符合国家有关规定。

第二十七条 本办法自 2024 年 3 月 1 日起施行。

交通运输工程监理工程师注册管理办法

(2024年1月8日交通运输部令2024年第3号公布　自2024年5月1日起施行　国司备字[2024010248])

第一条　为了加强和规范交通运输工程监理工程师注册管理，维护交通运输工程建设市场秩序，根据《中华人民共和国建筑法》《建设工程质量管理条例》等法律、行政法规，制定本办法。

第二条　交通运输工程监理工程师的注册及监督管理，适用本办法。

前款所称交通运输工程监理工程师，是指通过交通运输工程监理工程师职业资格考试，经依法注册后从事交通运输工程相关监理活动的专业技术人员。

第三条　交通运输部负责全国交通运输工程监理工程师注册的实施与监督管理工作。

第四条　本办法所称交通运输工程监理工程师分为公路、水运工程两个类别。

交通运输工程监理工程师执业范围包括：

(一)编制监理计划和监理细则，审核施工组织设计、总体进度计划及施工方案，审验进场材料、设备及构配件，签发工程开工令、停工令等；

(二)监督检查施工单位管理制度建设和运行情况，以及施工质量、安全、环保、费用和进度等；

(三)监督检查项目竣(交)工验收、单位工程验收、分部分项工程验收、维修保养、资料归档等。

第五条　交通运输工程监理工程师实行执业注册管理制度。通过交通运输工程监理工程师职业资格考试且经注册后，方可以交通运输工程监理工程师名义执业。

第六条　申请注册交通运输工程监理工程师的人员，应当具备下列条件：

(一)通过相应类别的监理工程师职业资格考试；

(二)受聘于一家从事工程监理的企业或者从事交通运输工程相关业务的企业、事业单位；

(三)未受刑事处罚，或者刑事处罚已执行完毕；

(四)在工程质量安全事故中，经有关主管部门认定无责任，或者虽受相关行政处罚但已执行完毕。

第七条 申请人应当自取得交通运输工程监理工程师职业资格考试合格证明之日起1年内,向交通运输部申请注册。逾期未申请的,应当在符合本办法规定的继续教育要求后方可申请。

申请人在申请注册时,应当提交下列材料或者信息:

(一)申请人身份证明;

(二)注册申请表;

(三)职业资格考试合格证明;

(四)与聘用单位签订的劳动合同或者确立劳务关系的合同;

(五)逾期申请的,还应当提供符合继续教育要求的相关材料。

第八条 交通运输部应当通过全国交通运输工程监理工程师相关注册管理系统,在线办理监理工程师注册申请、受理、审批等相关工作。

申请人通过全国交通运输工程监理工程师相关注册管理系统在线申请监理工程师注册的,应当将第七条规定的材料或者信息录入系统,并对提交材料或者信息的真实性负责。

第九条 许可机关应当按照《交通行政许可实施程序规定》开展许可工作。准予许可的,颁发电子或者纸质监理工程师注册证书。电子证书与纸质证书具有同等法律效力,式样由交通运输部统一规定。

注册证书有效期为4年,在全国范围内适用。

第十条 交通运输工程监理工程师可以在注册证书有效期届满30日前,向许可机关提交延续申请,并提交以下材料:

(一)延续申请;

(二)与聘用单位签订的劳动合同或者确立劳务关系的合同;

(三)符合本办法规定的继续教育相关材料。

第十一条 许可机关收到延续申请后,应当在交通运输工程监理工程师注册许可有效期届满前,对监理工程师是否符合本办法规定的资格条件进行审查。符合条件的,许可机关应当作出准予延续的决定;不符合条件的,应当责令限期整改,整改后仍不符合条件的,许可机关应当作出不予延续的决定。

第十二条 交通运输工程监理工程师的执业单位发生变更的,应当自变更之日起60日内向许可机关申请变更注册。

第十三条 交通运输工程监理工程师申请注销注册证书或者有《中华人民共和国行政许可法》第七十条规定情形的,许可机关应当依法办理注销手续并予以公告。

第十四条 交通运输工程监理工程师应当在注册证书明确的执业类别内进行执业。

交通运输工程监理工程师应当具备执业所需的身体条件，聘用单位应当对其身体健康状况进行核实。

第十五条 交通运输工程监理工程师应当在本人形成的工程监理文件上签字和加盖执业印章。

执业印章由交通运输工程监理工程师按照国家有关规定自行制作。

第十六条 注册证书和执业印章是交通运输工程监理工程师的执业凭证，应当由本人保管和使用。交通运输工程监理工程师遗失注册证书或者执业印章，应当在公开媒体和许可机关指定的网站上声明作废；遗失注册证书的，还应当及时向许可机关申请办理补证手续。

第十七条 交通运输工程监理工程师不得同时受聘于两个或者两个以上单位执业，不得允许他人以本人名义执业，不得在执业中存在弄虚作假行为。

第十八条 交通运输工程监理工程师在执业期间，应当按照人力资源和社会保障部门关于专业技术人员继续教育的有关规定接受继续教育，更新专业知识，提高业务水平。

第十九条 县级以上人民政府交通运输主管部门应当依照职责对交通运输工程监理工程师的执业情况和业绩情况实施监督检查，监督检查结果及时向社会公布。

交通运输主管部门进行监督检查时，相关交通运输工程监理工程师以及聘用单位应当配合。

第二十条 县级以上人民政府交通运输主管部门应当对交通运输工程监理工程师实施信用管理，并按照规定将有关信息纳入信用信息共享平台。

第二十一条 在铁路、民航领域从事工程监理活动的监理工程师，应当符合国家关于监理工程师管理有关规定。

第二十二条 本办法自 2024 年 5 月 1 日起施行。

防范和查处假冒企业登记违法行为规定

(2024 年 1 月 10 日国家市场监督管理总局令第 88 号公布　自 2024 年 3 月 15 日起施行　国司备字[2024010249]）

第一条 为了规范企业登记管理秩序，有效防范和查处假冒企业登记违法行为，加快构建诚信守法的市场秩序，切实维护交易安全，持续优化营商环境，根据《中华人民共和国市场主体登记管理条例》等法律法规，制定本规定。

第二条 本规定适用于对假冒企业登记违法行为的防范和查处。

本规定所称假冒企业登记违法行为,是指提交虚假材料或者采取其他欺诈手段隐瞒重要事实,冒用其他企业名义,将其登记为有限责任公司股东、股份有限公司发起人、非公司企业法人出资人、合伙企业合伙人等的违法行为。

前款所称提交虚假材料或者采取其他欺诈手段隐瞒重要事实,具体情形包括:

(一)伪造、变造其他企业的印章、营业执照、批准文件、授权文书等;

(二)伪造身份验证信息;

(三)提交虚假承诺;

(四)其他隐瞒重要事实的情形。

第三条 国家市场监督管理总局负责指导监督全国范围内假冒企业登记违法行为的防范和查处工作。

县级以上地方人民政府承担企业登记工作的部门(以下称登记机关)负责本辖区假冒企业登记违法行为的防范和查处工作。县级以上地方人民政府对承担假冒企业登记违法行为调查处理职责另有规定的,依照其规定。

第四条 市场监督管理部门应当会同相关部门构建防范和查处假冒企业登记违法行为的沟通协调机制,强化信息共享核验,加强源头预防,推进全过程控制,依法及时查处违法行为。

第五条 企业登记实行实名制。申请人应当配合登记机关核验身份信息。

当事人为自然人的,应当配合登记机关通过实名认证系统,采用人脸识别等方式进行实名验证。

当事人为企业的,应当配合登记机关通过核验电子营业执照的方式进行身份核验;未使用电子营业执照的,其法定代表人、负责人、执行事务合伙人等自然人应当进行实名验证。

第六条 申请人应当对提交材料的真实性、合法性和有效性负责。

受委托的自然人或者中介机构代为办理登记事宜应当遵守法律法规规定,表明其代理身份,不得伪造、变造或者使用伪造、变造的法律文件、印章、签名,不得采取欺诈、诱骗等不正当手段,不得教唆、编造或者帮助他人编造、提供虚假信息或者材料;不得以转让牟利为目的,恶意大量申请企业登记,损害社会公共利益或者妨碍社会公共秩序。

第七条 市场监督管理部门与国有资产监督管理等部门建立国有企业登记信息与产权登记信息共享机制。

登记机关在办理国有企业登记时,应当按照有关规定,通过信息化等方式,查验比对国有企业登记信息与产权登记信息。信息查验比对不一致,不符合有关登记申请规定的,登记机关不予登记,并出具不予登记通知书。国务院有关部门对主管范围内企业的产权登记另有规定的,依照其规定。

第八条 国家市场监督管理总局建立企业名称预防性保护机制,完善企业名称禁限用管理制度,加大企业名称合法权益保护力度。

第九条 企业发现被假冒登记的,可以向该假冒登记所在登记机关提出调查申请,并提供相关证据材料,申请人对申请事项和证据材料的真实性负责。

登记机关在履行职责过程中,发现假冒企业登记违法行为的,或者收到有关部门移交的假冒企业登记违法行为线索的,应当依法进行调查。

第十条 登记机关收到调查申请后,应当在3个工作日内作出是否受理的决定,并书面通知申请人。

登记机关受理申请后,应当在3个月内完成调查,并及时作出撤销或者不予撤销登记的决定。情形复杂的,经登记机关负责人批准,可以延长3个月。

在调查期间,相关企业和人员无法联系或者拒不配合的,登记机关可以将涉嫌假冒登记企业的登记时间、登记事项等信息通过国家企业信用信息公示系统向社会公示,公示期45日。

相关企业及其利害关系人在公示期内没有提出异议的,登记机关可以依法撤销其企业登记。

第十一条 登记机关依法调查假冒企业登记违法行为,可以结合具有法定资质的机构出具的鉴定意见,或者有关部门出具的书面意见进行处理。法律、行政法规另有规定的,依照其规定。

第十二条 有下列情形之一的,登记机关应当撤销登记:
(一)假冒企业登记违法行为事实清楚的;
(二)人民法院协助执行通知书要求配合撤销登记的;
(三)其他依法应当撤销登记的情形。

属于前款第一项规定,但是有证据证明被假冒企业对其被假冒登记知情,以明示方式表示同意,或者未提出异议,并在此基础上从事过相关管理、经营活动或者获得收益的,登记机关可以不予撤销登记。

第十三条 被撤销登记的企业有对外投资设立企业的,该企业负责人应当依法妥善处理,消除不良影响。

第十四条 登记机关作出撤销登记决定后,应当在20个工作日内通过国家企业信用信息公示系统向社会公示。

撤销设立登记的,标注"已撤销设立登记",公示被撤销登记日期和原因、作出撤销决定的机关等信息。

撤销变更登记的,恢复公示被假冒登记前的信息,同时公示撤销假冒登记相关信息。

撤销注销登记的,恢复公示注销前的信息,标注"已撤销注销登记,恢复主体资格"。

第十五条 假冒企业被撤销设立登记、变更登记的,企业应当缴回营业执照,拒不缴回或者无法缴回的,由登记机关通过国家企业信用信息公示系统公告营业执照作废。假冒企业已领取电子营业执照的,其电子营业执照与纸质营业执照同步作废。

第十六条 相关单位或者个人因涉嫌假冒企业登记已被立案调查或者移送司法机关的,涉嫌假冒企业的相关登记申请经审查违反法律法规规定,或者可能危害国家安全、社会公共利益的,登记机关不予登记,并出具不予登记通知书。

第十七条 登记机关或者其上级机关认定撤销登记决定错误的,可以撤销该决定,恢复原登记状态,并通过国家企业信用信息公示系统公示。

第十八条 提交虚假材料或者采取其他欺诈手段隐瞒重要事实取得企业登记的,由登记机关依法责令改正,没收违法所得,并处5万元以上20万元以下的罚款;情节严重的,处20万元以上100万元以下的罚款,吊销营业执照;对直接责任人依法作出处理。

明知或者应当知道申请人提交虚假材料或者采取其他欺诈手段隐瞒重要事实进行企业登记,仍接受委托代为办理,或者协助其进行虚假登记的,由登记机关没收违法所得,处10万元以下的罚款。中介机构违反本规定第六条第二款规定,多次从事上述违法行为,或者性质恶劣、造成严重后果的,依法从重处罚。

第十九条 假冒企业登记违法行为的直接责任人,自该登记被撤销之日起3年内不得再次申请企业登记;受到市场监督管理部门较重行政处罚的,应当依法被列入市场监督管理严重违法失信名单。登记机关应当通过国家企业信用信息公示系统予以公示。

本规定所称直接责任人包括对实施假冒企业登记违法行为起到决定作用,负有组织、决策、指挥等责任的人员,以及具体执行、积极参与的人员。

第二十条 登记机关在调查假冒企业登记相关违法行为时,发现涉嫌构成伪造印章、诈骗等犯罪行为的,应当及时移送公安机关处理。

在工作中发现的公职人员涉嫌职务违法、职务犯罪问题线索的,应当及时移交纪检监察机关。

第二十一条 假冒登记企业或者利害关系人对登记机关作出的有关处理

决定不服的,可以依法申请行政复议或者提起行政诉讼。

第二十二条 本规定对防范和查处假冒企业登记违法行为未作规定的,适用《中华人民共和国市场主体登记管理条例》及其实施细则等规定。

第二十三条 自然人、社会组织、事业单位等作为股东、出资人办理企业登记的参照本规定执行。

防范和查处其他虚假登记、备案违法行为,参照本规定执行。

第二十四条 本规定自2024年3月15日起施行。

工业和信息化部关于修改部分规章的决定

(2024年1月18日工业和信息化部令第68号公布　自公布之日起施行　国司备字〔2024010272〕)

为了贯彻落实《国务院关于取消和调整一批罚款事项的决定》(国发〔2023〕20号),进一步优化营商环境,工业和信息化部决定对2部规章部分条款予以修改。

一、将《电信设备进网管理办法》(原信息产业部令第11号,根据工业和信息化部第28号令修改)第二十九条修改为:"违反本办法规定,伪造、冒用、转让进网许可证,或者编造进网许可证编号的,由工业和信息化部或者省、自治区、直辖市通信管理局没收违法所得,并处违法所得3倍以上5倍以下罚款;没有违法所得或者违法所得不足1万元的,处1万元以上10万元以下罚款。

"违反本办法规定,粘贴伪造的进网许可标志的,由工业和信息化部或者省、自治区、直辖市通信管理局责令限期改正。"

二、将《非经营性互联网信息服务备案管理办法》(原信息产业部令第33号)第十二条修改为:"省通信管理局在收到备案人提交的备案材料后,材料齐全的,应当在二十个工作日内予以备案,向其发放备案编号,并通过工业和信息化部备案管理系统向社会公布有关备案信息;材料不齐全的,不予备案,在二十个工作日内通知备案人并说明理由。"

删去第十三条第二款。

将第二十五条修改为:"违反本办法第十三条的规定,未在其备案编号下方链接工业和信息化部备案管理系统网址的,由住所所在地省通信管理局责令限期改正;逾期不改正的,处五千元以上一万元以下罚款。"

将第三条、第六条、第七条、第十三条至第十五条、第十九条至第二十一条、第二十八条中的"信息产业部"修改为"工业和信息化部"。

将附录中的"工商部门"修改为"市场监督管理部门"。

本决定自公布之日起施行。《电信设备进网管理办法》《非经营性互联网信息服务备案管理办法》根据本决定作相应修改，重新公布。

电信设备进网管理办法

（2001年5月10日信息产业部令第11号公布　根据2014年9月23日《工业和信息化部关于废止和修改部分规章的决定》第一次修订　根据2024年1月18日《工业和信息化部关于修改部分规章的决定》第二次修订）

第一章　总　　则

第一条　为了保证公用电信网的安全畅通，加强电信设备进网管理，维护电信用户和电信业务经营者的合法权益，根据《中华人民共和国电信条例》，制定本办法。

第二条　本办法所称电信设备是指电信终端设备、无线电通信设备和涉及网间互联的设备。

电信终端设备是指连接在公用电信网末端，为用户提供发送和接收信息功能的电信设备。

无线电通信设备是指连接在公用电信网上，以无线电为通信手段的电信设备。

涉及网间互联的设备是指涉及不同电信业务经营者的网络之间或者不同电信业务的网络之间互联互通的电信设备。

第三条　国家对接入公用电信网的电信终端设备、无线电通信设备和涉及网间互联的电信设备实行进网许可制度。

实行进网许可制度的电信设备必须获得工业和信息化部颁发的进网许可证；未获得进网许可证的，不得接入公用电信网使用和在国内销售。

第四条　实行进网许可制度的电信设备目录由工业和信息化部会同国务院产品质量监督部门制定和公布。

第五条　电信设备生产企业（以下简称生产企业）申请电信设备进网许可必须符合国家法律、法规和政策规定。申请进网许可的电信设备必须符合国家标准、通信行业标准以及工业和信息化部的规定。电信设备生产企业应当具有完善的质量保证体系和售后服务措施。

第六条 生产企业申请电信设备进网许可,应当附送国务院产品质量监督部门认可的电信设备检测机构出具的检测报告或者认证机构出具的产品认证证书。

检测机构对申请进网许可的电信设备进行检测的依据、检测规程和出具的检测报告应当符合国家或工业和信息化部的规定。

第七条 工业和信息化部电信管理局具体负责全国电信设备进网管理和监督检查工作。

省、自治区、直辖市通信管理局负责本行政区域内电信设备进网管理和监督检查工作。

经工业和信息化部授权的受理机构承担电信设备进网许可申请的具体受理事宜。

第二章 进网许可程序

第八条 生产企业申请电信设备进网许可,应当向工业和信息化部授权的受理机构提交下列申请材料:

(一)电信设备进网许可申请表(由工业和信息化部提供格式文本)。申请表应当由生产企业法定代表人或其授权人签字并加盖公章。境外生产企业应当委托中国境内的代理机构提交申请表,并出具委托书;

(二)企业法人营业执照。境内生产企业应当提供企业法人营业执照。受境外生产企业委托代理申请电信设备进网许可的代理机构,应当提供代理机构有效执照;

(三)企业情况介绍。包括企业概况、生产条件、仪表配备、质量保证体系和售后服务措施等内容。对国家规定包修、包换和包退的产品,还应提供履行有关责任的文件;

(四)质量体系认证证书或审核报告。通过质量体系认证的,提供认证证书;未通过质量体系认证的,提供满足相关要求的质量体系审核机构出具的质量体系审核报告;

(五)电信设备介绍。包括设备功能、性能指标、原理框图、内外观照片和使用说明等内容;

(六)检测报告或产品认证证书。应当是国务院产品质量监督部门认可的电信设备检测机构出具的检测报告或者认证机构出具的产品认证证书。

申请进网许可的无线电发射设备,应当提供工业和信息化部颁发的"无线电发射设备型号核准证"。

无线电通信设备、涉及网间互联的设备或新产品应当提供总体技术方案和试验报告。

前列申请材料中证书、执照类材料应当提供原件和一份复印件，或者盖有发证机构证明印章的复印件；其它材料必须使用中文。

第九条 自受理机构收到完备的申请材料之日起60日内，工业和信息化部电信管理局对生产企业提交的申请材料进行审查，经审查符合条件的，颁发进网许可证并核发进网许可标志；不符合条件的，书面答复生产企业。

第十条 生产企业通过质量体系认证的，其提供检测机构检测的样品由生产企业按规定数量自行选取。

生产企业未通过质量体系认证的，其提供检测机构检测的样品由省、自治区、直辖市通信管理局按工业和信息化部规定的抽样办法执行。

第十一条 申请进网许可的无线电通信设备、涉及网间互联的设备或者新产品，应当在中国境内的电信网上或者工业和信息化部指定的模拟实验网上进行至少三个月的试验，并由试验单位出具试验报告。

工业和信息化部电信管理局组织专家对前款电信设备总体技术方案、试验报告、检测报告等进行评审，根据专家评审意见，经审查符合条件的，颁发进网许可证。

第十二条 生产企业对获得进网许可证的电信设备进行技术、外型改动的，须进行检测或重新办理进网许可证。

对获得进网许可证的电信设备外型改动较小，生产企业要求减免测试项目的，可以将改动前后的照片、电路原理图、改动说明和改动后的样品等交检测机构进行审核。检测机构向工业和信息化部电信管理局出具审核意见，检测机构审核认为可以减免测试项目的，经工业和信息化部电信管理局同意，可以减免测试项目。

第十三条 实行进网许可制度但尚无国家标准、行业标准的电信新设备，由生产企业自行将样品送到检测机构，检测机构根据国际标准或者企业标准进行检测，并出具检测报告。

工业和信息化部电信管理局对检测报告和有关材料进行审查，在符合国家产业政策和不影响网络安全畅通的条件下，批准进网试验，待国家标准、行业标准颁布后再按程序办理进网许可证。

第十四条 我国与其它国家或地区政府间签署电信设备检测实验室和检测报告相互认可协议的，按协议规定执行。

第三章 进网许可证和进网许可标志

第十五条 生产企业应当在其获得进网许可的电信设备上粘贴进网许可标志。进网许可标志由工业和信息化部统一印制和核发。进网许可标志属于质量标志。

未获得进网许可和进网许可证失效的电信设备上不得加贴进网许可标志。

第十六条 进网许可证和进网许可标志不得转让、涂改、伪造和冒用。

第十七条 进网许可证的有效期为3年。

生产企业需要继续生产和销售已获得进网许可的电信设备的,在进网许可证有效期届满前三个月,应当重新申请办理进网许可证,并附送一年内的送样检测报告或产品质量监督抽查报告,原证交回。

第十八条 电信设备进网许可证中规定的内容发生变化的,生产企业应当重新办理进网许可证。

第十九条 获得进网许可证的生产企业应当向其经销商以及需要进网许可证复印件的用户提供复印件,复印件应当由生产企业负责人签字并加盖公章。生产企业应当对复印件编号登记。

第二十条 生产企业应当在获得进网许可的电信设备包装上和刊登的广告中标明进网许可证编号。

第四章 监督管理

第二十一条 工业和信息化部定期向社会公布获得进网许可证的电信设备和生产企业。

获得进网许可证的生产企业应当接受所在的省、自治区、直辖市通信管理局的监督管理。

任何单位不得对已获得进网许可证的电信设备进行重复检测、发证。

第二十二条 省、自治区、直辖市通信管理局应当于每年12月31日前,对本行政区域内获得进网许可的电信设备和生产企业进行年度检查,并于第二年1月31日前,将年度检查情况汇总报工业和信息化部电信管理局。

第二十三条 获得电信设备进网许可证的生产企业应当保证电信设备获得进网许可证前后的一致性,保证产品质量稳定、可靠,不得降低产品质量和性能。

工业和信息化部组织对电信设备获得进网许可证前后的一致性进行监督检查;配合国务院产品质量监督部门对获得进网许可证的电信设备进行质量跟踪和监督抽查,并向社会公布抽查结果。

第二十四条 获得进网许可的电信设备及其外包装必须标有国家规定的中文标识;产品必须附有中文说明书和保修卡;对国家规定包修、包换和包退的产品,还应有相应的凭证。

第二十五条 实行进网许可制度的电信设备未获得进网许可的,电信业务经营者不得使用。

第二十六条 用户有权自主选择电信终端设备,电信业务经营者不得拒绝用户使用自备的已经取得进网许可的电信终端设备。

第二十七条 电信设备检测机构或产品质量认证机构必须执行国家标准、行业标准和工业和信息化部规定。检测机构或产品质量认证机构及其工作人员不得弄虚作假,不得利用职务之便剽窃或泄露生产企业的技术秘密。

第五章 罚 则

第二十八条 违反本办法规定,销售未获得进网许可的电信终端设备的,由省、自治区、直辖市通信管理局责令改正,并处 1 万元以上 10 万元以下罚款。

第二十九条 违反本办法规定,伪造、冒用、转让进网许可证,或者编造进网许可证编号的,由工业和信息化部或者省、自治区、直辖市通信管理局没收违法所得,并处违法所得 3 倍以上 5 倍以下罚款;没有违法所得或者违法所得不足 1 万元的,处 1 万元以上 10 万元以下罚款。

违反本办法规定,粘贴伪造的进网许可标志的,由工业和信息化部或者省、自治区、直辖市通信管理局责令限期改正。

第三十条 违反本办法规定,生产企业获得进网许可证后降低产品质量和性能的,由产品质量监督部门依照有关法律法规予以处罚。

第三十一条 违反本办法规定,生产企业未在获得进网许可的设备外包装和刊登的广告中注明进网许可证编号的,由工业和信息化部或者省、自治区、直辖市通信管理局责令改正,并给予警告。

第三十二条 违反本办法规定,生产企业有下列行为之一的,由工业和信息化部或者省、自治区、直辖市通信管理局责令限期改正;情节严重的,给予警告:

(一)申请进网许可时提供不真实申请材料的;

(二)不能保证电信设备获得进网许可证前后的一致性的;

(三)售后服务不落实,对国家规定包修、包换和包退的产品不履行相应义务的;

(四)不按规定参加年检或者年检结果不合格的;

(五)不接受工业和信息化部对电信设备获得进网许可证前后的一致性组织进行的监督检查或者检查结果不合格的。

违反前款第一项规定,尚未取得进网许可证的,工业和信息化部不予受理或者不予许可,生产企业在一年内不得再次申请进网许可;已取得进网许可证的,工业和信息化部撤销进网许可证,生产企业在三年内不得再次申请进网许可。

第三十三条 违反本办法规定,电信业务经营者拒绝用户自备的获得进网许可的电信终端设备进网的,由省、自治区、直辖市通信管理局责令改正,并向电信用户赔礼道歉,赔偿电信用户损失;拒不改正并赔礼道歉、赔偿损失的,处以警告,并处1万元以上10万元以下的罚款;情节严重的,责令停业整顿。

第三十四条 违反本办法规定,对已获得进网许可证的电信设备进行重复检测、发证的,由工业和信息化部责令改正。

第三十五条 违反本办法规定,检测机构、产品质量认证机构有下列行为之一的,工业和信息化部对其出具的检测报告或认证证书不予承认:

(一)弄虚作假,有作弊行为的;

(二)不按规定标准进行检测或认证的;

(三)不按工业和信息化部规定出具检测报告或认证证书的。

第三十六条 从事电信设备进网许可申请受理、检测、审批及有关工作的人员滥用职权、徇私舞弊或者利用职务之便剽窃、泄露生产企业技术秘密的,依法给予行政处分。构成犯罪的,依法追究刑事责任。

第六章 附 则

第三十七条 对进入公用电信网的电信设备抗震性能的管理办法,工业和信息化部另行制定。

第三十八条 未实行进网许可制度的电信设备可以由生产企业自愿向国务院产品质量监督部门认可的电信设备进网认证机构申请产品认证。

第三十九条 本办法自发布之日起施行。1998年12月31日信息产业部发布的《电信设备进网审批管理办法》同时废止。

非经营性互联网信息服务备案管理办法

(2005年2月8日信息产业部令第33号公布 根据2024年1月18日《工业和信息化部关于修改部分规章的决定》修订)

第一条 为规范非经营性互联网信息服务备案及备案管理，促进互联网信息服务业的健康发展，根据《互联网信息服务管理办法》、《中华人民共和国电信条例》及其他相关法律、行政法规的规定，制定本办法。

第二条 在中华人民共和国境内提供非经营性互联网信息服务，履行备案手续，实施备案管理，适用本办法。

第三条 中华人民共和国工业和信息化部(以下简称"工业和信息化部")对全国非经营性互联网信息服务备案管理工作进行监督指导，省、自治区、直辖市通信管理局(以下简称"省通信管理局")具体实施非经营性互联网信息服务的备案管理工作。

拟从事非经营性互联网信息服务的，应当向其住所所在地省通信管理局履行备案手续。

第四条 省通信管理局在备案管理中应当遵循公开、公平、公正的原则，提供便民、优质、高效的服务。

非经营性互联网信息服务提供者从事非经营性互联网信息服务时，应当遵守国家的有关规定，接受有关部门依法实施的监督管理。

第五条 在中华人民共和国境内提供非经营性互联网信息服务，应当依法履行备案手续。

未经备案，不得在中华人民共和国境内从事非经营性互联网信息服务。

本办法所称在中华人民共和国境内提供非经营性互联网信息服务，是指在中华人民共和国境内的组织或个人利用通过互联网域名访问的网站或者利用仅能通过互联网IP地址访问的网站，提供非经营性互联网信息服务。

第六条 省通信管理局通过工业和信息化部备案管理系统，采用网上备案方式进行备案管理。

第七条 拟从事非经营性互联网信息服务的，应当通过工业和信息化部备案管理系统如实填报《非经营性互联网信息服务备案登记表》(以下简称"《备案登记表》"，格式见本办法附录)，履行备案手续。

工业和信息化部根据实际情况，对《备案登记表》进行调整和公布。

第八条 拟通过接入经营性互联网络从事非经营性互联网信息服务的，

可以委托因特网接入服务业务经营者、因特网数据中心业务经营者和以其他方式为其网站提供接入服务的电信业务经营者代为履行备案、备案变更、备案注销等手续。

第九条 拟通过接入中国教育和科研计算机网、中国科学技术网、中国国际经济贸易互联网、中国长城互联网等公益性互联网络从事非经营性互联网信息服务的,可以由为其网站提供互联网接入服务的公益性互联网络单位代为履行备案、备案变更、备案注销等手续。

第十条 因特网接入服务业务经营者、因特网数据中心业务经营者以及以其他方式为网站提供接入服务的电信业务经营者和公益性互联网络单位(以下统称"互联网接入服务提供者")不得在已知或应知拟从事非经营性互联网信息服务的组织或者个人的备案信息不真实的情况下,为其代为履行备案、备案变更、备案注销等手续。

第十一条 拟从事新闻、出版、教育、医疗保健、药品和医疗器械、文化、广播电影电视节目等互联网信息服务,根据法律、行政法规以及国家有关规定应经有关主管部门审核同意的,在履行备案手续时,还应向其住所所在地省通信管理局提交相关主管部门审核同意的文件。

拟从事电子公告服务的,在履行备案手续时,还应当向其住所所在地省通信管理局提交电子公告服务专项备案材料。

第十二条 省通信管理局在收到备案人提交的备案材料后,材料齐全的,应当在二十个工作日内予以备案,向其发放备案编号,并通过工业和信息化部备案管理系统向社会公布有关备案信息;材料不齐全的,不予备案,在二十个工作日内通知备案人并说明理由。

第十三条 非经营性互联网信息服务提供者应当在其网站开通时在主页底部的中央位置标明其备案编号,并在备案编号下方按要求链接工业和信息化部备案管理系统网址,供公众查询核对。

第十四条 非经营性互联网信息服务提供者在备案有效期内需要变更其《备案登记表》中填报的信息的,应当提前三十日登陆工业和信息化部备案系统向原备案机关履行备案变更手续。

第十五条 非经营性互联网信息服务提供者在备案有效期内需要终止提供服务的,应当在服务终止之日登陆工业和信息化部备案系统向原备案机关履行备案注销手续。

第十六条 非经营性互联网信息服务提供者应当保证所提供的信息内容合法。

本办法所称非经营性互联网信息服务提供者提供的信息内容,是指互联网信息服务提供者的网站的互联网域名或IP地址下所包括的信息内容。

第十七条 省通信管理局应当建立信誉管理、社会监督、情况调查等管理机制，对非经营性互联网信息服务活动实施监督管理。

第十八条 互联网接入服务提供者不得为未经备案的组织或者个人从事非经营性互联网信息服务提供互联网接入服务。

对被省通信管理局处以暂时关闭网站或关闭网站处罚的非经营性互联网信息服务提供者或者非法从事非经营性互联网信息服务的组织或者个人，互联网接入服务提供者应立即暂停或终止向其提供互联网接入服务。

第十九条 互联网接入服务提供者应当记录其接入的非经营性互联网信息服务提供者的备案信息。

互联网接入服务提供者应当依照国家有关规定做好用户信息动态管理、记录留存、有害信息报告等网络信息安全管理工作，根据工业和信息化部和省通信管理局的要求对所接入用户进行监督。

第二十条 省通信管理局依法对非经营性互联网信息服务备案实行年度审核。

省通信管理局通过工业和信息化部备案管理系统，采用网上方式进行年度审核。

第二十一条 非经营性互联网信息服务提供者应当在每年规定时间登陆工业和信息化部备案管理系统，履行年度审核手续。

第二十二条 违反本办法第五条的规定，未履行备案手续提供非经营性互联网信息服务的，由住所所在地省通信管理局责令限期改正，并处一万元罚款；拒不改正的，关闭网站。

超出备案的项目提供服务的，由住所所在地省通信管理局责令限期改正，并处五千元以上一万元以下罚款；拒不改正的，关闭网站并注销备案。

第二十三条 违反本办法第七条第一款的规定，填报虚假备案信息的，由住所所在地省通信管理局关闭网站并注销备案。

第二十四条 违反本办法第十条、第十八条、第十九条的规定的，由违法行为发生地省通信管理局责令改正，并处一万元罚款。

第二十五条 违反本办法第十三条的规定，未在其备案编号下方链接工业和信息化部备案管理系统网址的，由住所所在地省通信管理局责令限期改正；逾期不改正的，处五千元以上一万元以下罚款。

第二十六条 违反本办法第十四条、第十五条的规定，未在规定时间履行备案变更手续，或未依法履行备案注销手续的，由住所所在地省通信管理局责令限期改正，并处一万元罚款。

第二十七条 非经营性信息服务提供者违反国家有关法律规定,依法应暂停或终止服务的,省通信管理局可根据法律、行政法规授权的同级机关的书面认定意见,暂时关闭网站,或关闭网站并注销备案。

第二十八条 在年度审核时,非经营性互联网信息服务提供者有下列情况之一的,由其住所所在地的省通信管理局通过工业和信息化部备案系统等媒体通告责令其限期改正;拒不改正的,关闭网站并注销备案:

(一)未在规定时间登陆备案网站提交年度审核信息的;

(二)新闻、教育、公安、安全、文化、广播电影电视、出版、保密等国家部门依法对各自主管的专项内容提出年度审核否决意见的。

第二十九条 本办法自 2005 年 3 月 20 日起施行。

附录:

非经营性互联网信息服务备案登记表

主办单位名称	
主办单位性质	
主办单位有效证件号码	
投资者或上级主管单位	
网站名称	

网站负责人基本情况	姓 名	有效证件号码	办公电话	手机号码	电子邮箱

主办单位通信地址	
网站接入方式	
服务器放置地	
网站首页网址	
网站域名列表	
IP 地址列表	
网站接入服务提供单位名称	
涉及需前置审批或专项审批的内容	

注:

1. "主办单位名称"栏:若网站为组织开办,则应填写组织名称,若为个人开办,则应填写个人姓名。

2."主办单位有效证件号码"栏:若网站为组织开办,则该栏应填写有关部门核发的单位代码,并注明有关单位名称,例如,需工商注册的,应填写市场监督管理部门核发的企业或事业法人营业执照上的注册号,或是有效期内的企业名称预先核准通知书上的编号。若网站为个人开办,则该栏应填写个人有效证件号码(例如身份证号码),并注明证件核发单位名称。

3."网站接入方式"栏应当填写专线接入、主机托管和虚拟主机等接入方式。

4."网站名称"、"网站首页网址"、"网站域名列表"、"IP 地址列表"等栏应按照实际情况如实填写。其中,"网站首页网址"栏应填写网站首页的域名或 IP 地址。仅能通过互联网 IP 地址访问的网站,"网站域名列表"栏可不填报。

5."服务器放置地"栏填写网站服务器或租用的服务器空间所在的省(自治区、直辖市)或其他地点。

6."网站接入服务提供单位名称"应填写与其签订网站接入服务合同的互联网接入服务提供者的名称。

7."涉及需前置审批或专项审批的内容"栏:若网站涉及新闻、出版、教育、医疗保健、药品和医疗器械、文化、广播电影电视节目等前置审批和电子公告服务等需专项审批的互联网信息服务内容,应在本栏注明。

民用航空危险品运输管理规定

(2024 年 1 月 18 日交通运输部令 2024 年第 4 号公布自 2024 年 7 月 1 日起施行 国司备字[2024010260])

第一章 总 则

第一条 为了加强民用航空危险品运输管理,规范危险品航空运输活动,保障民用航空运输安全,根据《中华人民共和国民用航空法》《中华人民共和国安全生产法》《中华人民共和国反恐怖主义法》《危险化学品安全管理条例》等法律、行政法规,制定本规定。

第二条 中华人民共和国境内的承运人、机场管理机构、地面服务代理人、危险品培训机构、从事民航安全检查工作的机构以及其他单位和个人从事民用航空危险品运输有关活动的,适用本规定。

外国承运人、港澳台地区承运人从事前款规定的活动,其航班始发地点、经停地点或者目的地点之一在中华人民共和国境内(不含港澳台,下同)的,适用本规定。

第三条 中国民用航空局(以下简称民航局)负责对民用航空危险品运输

活动实施统一监督管理。

中国民用航空地区管理局(以下简称民航地区管理局)负责对本辖区内的民用航空危险品运输活动实施监督管理。

民航局和民航地区管理局统称为民航行政机关。

第四条 从事民用航空危险品运输有关活动的单位和个人应当遵守《国际民用航空公约》附件18《危险物品的安全航空运输》及《技术细则》的要求；法律、法规、规章另有规定的，还应当遵守其规定。

第五条 有关行业协会应当加强行业自律，推进诚信建设，促进会员依法开展公共航空危险品运输活动，提升服务质量。

第二章 运输限制

第六条 任何单位和个人不得在行李中携带或者通过货物、邮件托运、收运、载运《技术细则》中规定的在任何情况下禁止航空运输的危险品。

第七条 除运输安全水平符合要求并获得民航行政机关按《技术细则》给予批准或者豁免外，任何单位和个人不得在行李中携带或者通过货物、邮件托运、收运、载运下列危险品：

(一)《技术细则》中规定禁止在正常情况下航空运输的危险品；

(二)受到感染的活体动物。

第八条 托运、收运、载运含有危险品的邮件，应当符合相关邮政法律法规、本规定及《技术细则》的要求。

第九条 符合下列情况的物品或者物质，按照《技术细则》的规定不受危险品航空运输的限制：

(一)已分类为危险品的物品或者物质，根据有关适航要求和运行规定，或者因《技术细则》列明的其他特殊原因需要装在民用航空器上时；

(二)旅客或者机组成员携带的《技术细则》规定范围内的特定物品或者物质。

运输前款第一项所述物品或者物质的替换物，或者被替换下来的所述物品或者物质，除《技术细则》准许外，应当遵守本规定。

第三章 运输许可

第一节 一般规定

第十条 承运人从事危险品货物、含有危险品的邮件(以下简称危险品货物、邮件)航空运输，应当取得危险品航空运输许可。

第十一条 境内承运人申请取得危险品航空运输许可的,应当具备下列条件:

(一)持有公共航空运输企业经营许可证;

(二)危险品航空运输手册符合本规定的要求;

(三)危险品培训大纲符合本规定的要求;

(四)按照危险品航空运输手册建立了危险品航空运输管理和操作程序、应急方案;

(五)危险品航空运输从业人员按照危险品培训大纲完成培训并考核合格;

(六)货物、邮件航空运输安全记录良好。

第十二条 港澳台地区承运人、外国承运人申请取得危险品航空运输许可的,应当具备下列条件:

(一)持有所在地区或者所在国民航主管部门颁发的危险品航空运输许可或者等效文件;

(二)持有所在地区或者所在国民航主管部门审查或者批准的危险品航空运输手册或者等效文件;

(三)持有所在地区或者所在国民航主管部门审查或者批准的危险品培训大纲或者等效文件;

(四)货物、邮件航空运输安全记录良好。

第十三条 民航地区管理局作出的危险品航空运输许可,应当包含下列内容:

(一)承运人按照本规定和《技术细则》开展危险品货物、邮件航空运输活动的经营范围;

(二)批准运输的危险品类(项)别;

(三)许可的有效期;

(四)必要的限制条件。

第二节 许可程序

第十四条 境内承运人申请危险品航空运输许可的,应当向其公共航空运输企业经营许可证载明的主运营基地机场所在地民航地区管理局提交下列材料,并确保其真实、完整、有效:

(一)申请书;

(二)危险品航空运输手册;

(三)危险品培训大纲。

第十五条 港澳台地区承运人、外国承运人申请危险品航空运输许可的,应当向民航局指定管辖的民航地区管理局提交下列材料,并确保其真实、完整、有效：

（一）申请书；

（二）承运人所在地区或者所在国民航主管部门颁发的危险品航空运输许可或者等效文件；

（三）承运人所在地区或者所在国民航主管部门对承运人危险品航空运输手册或者等效文件的审查或者批准的证明材料；

（四）承运人所在地区或者所在国民航主管部门对承运人危险品培训大纲或者等效文件的审查或者批准的证明材料。

前款规定的申请材料应当使用中文或者英文。使用译本的，申请人应当承诺保证译本和原件的一致性和等同有效性。

第十六条 经审查，境内承运人符合本规定第十一条、港澳台地区及外国承运人符合本规定第十二条要求的，由民航地区管理局为其颁发危险品航空运输许可。

经审查不符合要求的，由民航地区管理局书面作出不予许可决定，说明理由，并告知申请人享有依法申请行政复议或者提起行政诉讼的权利。

第十七条 民航地区管理局应当自受理申请之日起 20 个工作日内作出是否准予许可的决定。20 个工作日内不能作出决定的，经民航地区管理局负责人批准，可以延长 10 个工作日，并应当将延长期限的理由告知申请人。

民航地区管理局作出行政许可决定，需要进行检验、检测、鉴定和组织专家评审的，所需时间不计入前款所述期限。

第三节 许可管理

第十八条 危险品航空运输许可的有效期最长不超过 24 个月。

有下列情形之一的，作出行政许可决定的民航地区管理局应当依法办理危险品航空运输许可注销手续：

（一）被许可承运人书面申请办理注销手续的；

（二）许可依法被撤销、撤回、吊销的；

（三）许可有效期届满未延续的；

（四）法律、法规规定的其他情形。

第十九条 承运人要求变更许可事项的，应当向民航地区管理局提出申请，按照本章有关许可的规定办理。

第二十条 承运人申请许可有效期延续的，应当在许可有效期届满 30 日前向民航地区管理局提出申请。经审查，承运人满足本规定许可条件的，民航地区管理局应当在许可有效期届满前作出是否准予延续的决定；民航地区管理局逾期未作出决定的，视为准予延续。

第四章　运输手册管理

第二十一条　境内承运人、地面服务代理人应当制定符合本规定要求的危险品航空运输手册,并采取措施保持手册的实用性和有效性。

境内承运人应当在完成运行合格审定前向主运营基地机场所在地民航地区管理局备案危险品航空运输手册。手册内容发生变化的,境内承运人应当及时进行更新备案。

第二十二条　境内承运人、地面服务代理人的危险品航空运输手册应当至少包括下列适用的内容:

(一)危险品航空运输的总政策;

(二)危险品航空运输管理和监督机构及其职责;

(三)开展自查及对其代理人进行检查的要求;

(四)人员的培训要求及对危险品培训机构的要求;

(五)旅客、机组成员携带危险品的限制,以及将限制要求告知旅客、机组成员的措施;

(六)托运人及托运人代理人的诚信管理要求;

(七)行李、货物、邮件中隐含危险品的识别及防止隐含危险品的措施;

(八)向机长通知危险品装载信息的措施;

(九)危险品航空运输应急响应方案及应急处置演练的要求;

(十)危险品航空运输事件的报告程序;

(十一)重大、紧急或者其他特殊情况下危险品航空运输预案。

从事危险品货物、邮件航空运输的境内承运人、地面服务代理人的危险品航空运输手册,还应当包括危险品货物、邮件航空运输的技术要求及操作程序。

除单独成册外,危险品航空运输手册的内容可以按照专业类别编入企业运行、地面服务和客货运输业务等其他业务手册中。

第二十三条　承运人委托地面服务代理人代表其从事危险品航空运输地面服务的,应当要求地面服务代理人按照承运人提供的危险品航空运输手册或者经承运人认可的地面服务代理人危险品航空运输手册,开展危险品航空运输地面服务。

港澳台地区及外国承运人提供的危险品航空运输手册应当使用中文或者英文,使用译本的,应当承诺保证译本和原件的一致性和等同有效性。

按照经承运人认可的地面服务代理人危险品航空运输手册开展活动的,承运人应当告知地面服务代理人其差异化要求,地面服务代理人应当采取措施确保相关操作满足承运人的差异化要求。

第二十四条　承运人、地面服务代理人应当采取必要措施,确保危险品航空运输有关人员在履行相关职责时,充分了解危险品航空运输手册中与其职责相关的内容。

承运人、地面服务代理人应当为危险品航空运输有关人员提供以其所熟悉的文字编写的危险品航空运输手册,以便相关人员履行危险品航空运输职责。

第二十五条　承运人、地面服务代理人应当按照危险品航空运输手册中规定的程序和要求,开展危险品航空运输相关活动。

第二十六条　运输机场管理机构应当制定机场危险品航空运输应急救援预案,将其纳入运输机场突发事件应急救援预案管理,并按照有关规定执行。

运输机场管理机构应当将机场危险品航空运输的管理和应急救援预案内容,纳入机场使用手册。

第五章　托运人责任

第二十七条　托运人应当确保办理危险品货物托运手续和签署危险品运输文件的人员,已按照本规定和《技术细则》的要求经过危险品培训并考核合格。

第二十八条　托运人将危险品货物提交航空运输前,应当按照本规定和《技术细则》的规定,确保该危险品不属于禁止航空运输的危险品,并正确地进行分类、识别、包装、加标记、贴标签。

托运法律、法规限制运输的危险品货物,应当符合相关法律、法规的要求。

第二十九条　托运人将货物提交航空运输时,应当向承运人说明危险品货物情况,并提供真实、准确、完整的危险品运输文件。托运人应当正确填写危险品运输文件并签字。

除《技术细则》另有规定外,危险品运输文件应当包括《技术细则》所要求的内容,以及经托运人签字的声明,表明已使用运输专用名称对危险品进行完整、准确地描述和该危险品已按照《技术细则》的规定进行分类、包装、加标记和贴标签,且符合航空运输的条件。

第三十条　托运人应当向承运人提供所托运危险品货物发生危险情况的应急处置措施,并在必要时提供所托运危险品货物符合航空运输条件的相关证明材料。

第三十一条　托运人应当确保航空货运单、危险品运输文件及相关证明材料中所列货物信息与其实际托运的危险品货物保持一致。

第三十二条　托运人应当保存一份危险品航空运输相关文件,保存期限自运输文件签订之日起不少于 24 个月。

前款所述危险品航空运输相关文件包括危险品运输文件、航空货运单以及承运人、本规定和《技术细则》要求的补充资料和文件等。

第三十三条　托运人代理人从事危险品货物航空运输活动的,应当持有托运人的授权书,并适用本规定有关托运人责任的规定。

第六章　承运人及其地面服务代理人责任

第一节　一般规定

第三十四条　境内承运人、地面服务代理人应当将危险品航空运输纳入其安全管理体系或者单独建立危险品航空运输安全管理体系,并确保体系持续有效运行。

第三十五条　境内承运人、地面服务代理人应当明确适当的机构,配置专职人员对危险品航空运输活动进行管理。

持有危险品航空运输许可的港澳台地区承运人、外国承运人应当指定专人负责对危险品航空运输活动进行管理。

第三十六条　承运人和地面服务代理人应当对从事公共航空危险品运输的协议方或者合作方加强诚信管理,建立并持续完善公共航空危险品运输托运人及托运人代理人诚信评价机制。

第二节　承运人责任

第三十七条　承运人应当按照危险品航空运输许可的要求和条件开展危险品货物、邮件航空运输活动。

运输法律、法规限制运输的危险品,应当符合相关法律、法规的要求。

第三十八条　承运人接收危险品货物、邮件进行航空运输应当符合下列要求：

（一）确认办理托运手续和签署危险品运输文件的人员经危险品培训并考核合格,同时满足承运人危险品航空运输手册的要求；

（二）确认危险品货物、邮件附有完整的危险品航空运输相关文件,《技术细则》另有规定的除外；

（三）按照《技术细则》的要求对危险品货物、邮件进行检查。

第三十九条　承运人应当按照《技术细则》及民航行政机关的要求,收运、存放、装载、固定及隔离危险品货物、邮件。

第四十条　承运人应当按照《技术细则》及民航行政机关的要求,对危险品货物、邮件的损坏泄漏及污染进行检查和清除。

第四十一条　承运人应当按照《技术细则》及民航行政机关的要求,存放危险品货物、邮件,并及时处置超期存放的危险品货物、邮件。

承运人应当采取适当措施防止危险品货物、邮件被盗或者被不正当使用。

第四十二条 承运人应当在载运危险品货物、邮件的飞行终止后,将危险品航空运输相关文件保存不少于 24 个月。

前款所述文件包括危险品运输文件、航空货运单、收运检查单、机长通知单以及承运人、本规定和《技术细则》要求的补充资料和文件等。

第四十三条 委托地面服务代理人代表其从事危险品货物、邮件航空运输地面服务的承运人,应当同符合本规定要求的地面服务代理人签订包括危险品货物、邮件航空运输内容的地面服务代理协议,明确各自的危险品运输管理职责和应当采取的安全措施。

第四十四条 承运人应当采取措施防止货物、邮件、行李隐含危险品。

第四十五条 境内承运人应当对其地面服务代理人的危险品航空运输活动进行定期检查。

第三节 地面服务代理人责任

第四十六条 地面服务代理人应当按照与承运人签订的地面服务代理协议的相关要求,开展危险品货物、邮件航空运输活动。

第四十七条 在首次开展航空运输地面服务代理活动前,地面服务代理人应当向所在地民航地区管理局备案,并提交下列真实、完整、有效的备案材料:

(一)地面服务代理人备案信息表;

(二)法人资格证明;

(三)危险品航空运输手册;

(四)危险品培训大纲;

(五)按照本规定及备案内容开展危险品航空运输活动及确保危险品航空运输手册和危险品培训大纲持续更新的声明。

备案信息表中与危险品运输相关的地面服务代理业务范围发生变动的,地面服务代理人应当在开展相关新业务活动前备案。其他备案材料内容发生变化的,地面服务代理人应当及时对变化内容进行备案。

第四十八条 地面服务代理人开展危险品航空运输活动应当满足本规定及备案的危险品航空运输手册和危险品培训大纲的要求,并接受相关承运人的检查。

第四十九条 地面服务代理人代表承运人从事危险品航空运输活动的,适用本规定有关承运人责任的规定。

第七章 运 输 信 息

第五十条 承运人在向旅客出售机票时,应当向旅客提供关于禁止航空

129

运输的危险品种类的信息。

当通过互联网出售机票时,承运人应当以文字或者图像形式向旅客提供关于禁止旅客带上航空器的危险品种类的信息,且确保只有在旅客表示已经知悉行李中的危险品限制之后,方可完成购票手续。

第五十一条 在旅客办理乘机手续时,承运人或者地面服务代理人应当向旅客提供《技术细则》关于旅客携带危险品的限制要求信息。旅客自助办理乘机手续的,信息应当包括图像,并应当确保只有在旅客表示已经知悉行李中的危险品限制之后,方可完成办理乘机手续。

第五十二条 承运人、地面服务代理人或者机场管理机构应当在机场售票处、办理乘机手续处、安检处、登机处以及旅客可以办理乘机手续的其他地方醒目地张贴布告,告知旅客禁止航空运输危险品的种类。

前款要求的布告,应当包括禁止运输危险品的直观示例。

第五十三条 承运人或者地面服务代理人应当在货物、邮件收运处的醒目地点张贴布告,告知托运人及托运人代理人货物、邮件中可能含有的危险品以及危险品航空运输的相关规定和法律责任。

前款要求的布告,应当包括危险品的直观示例。

第五十四条 承运人、地面服务代理人、从事民航安全检查工作的机构以及机场管理机构应当向其从业人员提供相关信息,使其能够履行与危险品航空运输相关的职责,同时应当提供在出现涉及危险品的紧急情况时可供遵循的行动指南。

承运人应当在运行手册或者其他相关手册中向飞行机组成员提供与其履行职责相关的危险品信息及行动指南。

第五十五条 民用航空器上载运危险品货物、邮件时,承运人或者地面服务代理人应当在民用航空器起飞前向机长、民用航空器运行控制人员等提供《技术细则》规定的信息。

第五十六条 飞行中发生紧急情况时,如果情况允许,机长应当按照《技术细则》的规定立即将机上载有危险品货物、邮件的信息通报有关空中交通管制部门,以便通知机场。

第五十七条 承运人、地面服务代理人、机场管理机构应当按照《技术细则》及民航行政机关的要求,报告危险品航空运输事件信息。

第五十八条 承运人、地面服务代理人、从事民航安全检查工作的机构、危险品培训机构等相关单位,应当按照民航行政机关的要求报送危险品航空运输有关的信息和数据。

第八章 培训管理

第一节 一般规定

第五十九条 危险品货物托运人及托运人代理人、境内承运人、地面服务代理人、从事民航安全检查工作的机构、以及其他从事危险品航空运输活动的单位，应当确保其危险品航空运输从业人员按照本规定及《技术细则》的要求经过符合本规定要求的危险品培训机构培训并考核合格。

境内承运人、机场管理机构、地面服务代理人、从事民航安全检查工作的机构等单位分管危险品运输管理业务的负责人和安全管理人员，应当定期接受危险品航空运输管理知识培训。

本章所称危险品培训机构，包括境内承运人、机场管理机构、地面服务代理人、从事民航安全检查工作的机构、其他从事民用航空危险品运输有关活动的单位为其从业人员提供危险品培训所设立的培训机构，以及对外提供危险品培训的第三方机构。

第六十条 港澳台地区承运人、外国承运人，应当确保其相关人员的危险品培训符合本规定及《技术细则》的相关要求。

第六十一条 危险品货物托运人及托运人代理人、境内承运人、地面服务代理人、从事民航安全检查工作的机构、危险品培训机构，应当如实记录其危险品航空运输从业人员教育和培训情况，并保存不少于36个月，随时接受民航行政机关的检查。

第二节 培训大纲

第六十二条 下列单位应当制定并持有符合本规定及《技术细则》相关要求的危险品培训大纲，并按照大纲开展培训活动：

（一）境内承运人；
（二）地面服务代理人；
（三）从事民航安全检查工作的机构；
（四）危险品培训机构。

从事民航安全检查工作的机构，应当将其危险品培训大纲报所在地民航地区管理局备案。

第六十三条 危险品培训大纲应当根据受训人员的职责制定，并包括下列内容：

（一）符合本规定和《技术细则》规定的声明；
（二）符合要求的培训课程设置及评估要求；

(三)适用的受训人员范围及培训后应当达到的要求；
(四)实施培训的危险品培训机构及教员要求；
(五)培训使用教材的说明。

第六十四条 危险品培训大纲应当及时修订和更新，确保持续符合本规定及《技术细则》的要求。

第三节 培训机构

第六十五条 危险品培训机构应当在首次开展培训活动30日前向机构所在地民航地区管理局备案。

危险品培训机构终止培训的，应当自终止培训之日起30日内书面告知原备案民航地区管理局。

第六十六条 危险品培训机构应当在备案时提交下列材料，并确保其真实、完整、有效：

(一)危险品培训机构备案信息表；
(二)法人资格证明；
(三)危险品培训大纲；
(四)培训管理制度；
(五)3名及以上符合要求的危险品培训教员的证明材料；
(六)按照本规定要求及备案内容开展危险品培训活动并保持危险品培训大纲持续更新的声明。

备案材料内容发生变化的，危险品培训机构应当及时对变化内容进行备案。

第六十七条 危险品培训机构应当按照备案的危险品培训大纲和培训管理制度开展培训，并遵守下列要求：

(一)定期开展自查，确保持续符合本规定及危险品培训管理制度的要求；
(二)实施培训时使用的危险品培训大纲及教员符合本规定的要求；
(三)实施的培训符合本规定的要求；
(四)建立并实施培训效果评估制度，定期组织教学研讨和教学质量评价活动。

危险品培训机构应当接受民航行政机关组织的教学质量评价。

第六十八条 危险品培训机构应当确保本机构的危险品教员持续满足本规定的要求。

第四节 培训教员

第六十九条 危险品培训机构应当使用符合以下要求的教员从事危险品培训工作：

（一）熟悉危险品航空运输法律法规、规章、规定和政策；
（二）从事民航相关业务3年以上；
（三）参加符合本规定及《技术细则》要求的危险品培训，并考核优秀；
（四）通过危险品教员培训，具备相应的授课技能。

第七十条 危险品培训机构的教员应当按照本规定开展培训活动，并持续符合下列要求：
（一）同时仅在一家培训机构备案且仅代表一家危险品培训机构开展培训活动；
（二）每12个月至少实施一次完整的危险品培训；
（三）每24个月至少参加一次危险品教员培训，且至少参加一次相应的危险品培训并考核合格；
（四）教学质量评价满足要求；
（五）每12个月至少参加一次危险品培训机构组织的教学研讨活动。

危险品培训机构的教员不满足前款规定的要求的，危险品培训机构应当及时更换教员，并重新组织培训。

第九章 监督管理

第七十一条 从事民用航空危险品运输活动的有关单位和个人对民航行政机关的监督检查人员依法履行监督检查职责，应当予以配合，不得拒绝、阻碍。

第七十二条 持有危险品航空运输许可的承运人，应当保证其运营条件持续符合颁发危险品航空运输许可的条件。

因运营条件发生变化等，承运人不再具备安全生产条件的，由民航地区管理局依照《中华人民共和国安全生产法》的规定撤销其危险品航空运输许可。

第七十三条 民航地区管理局应当自地面服务代理人、危险品培训机构备案之日起30日内，对备案的地面服务代理人、危险品培训机构进行现场核查，对相关材料进行核实，并定期开展日常检查，监督其持续符合规定要求。

第七十四条 托运人、托运代理人有下列行为之一的，依法作为严重失信行为记入民航行业信用记录：
（一）伪造危险品航空运输相关文件的；
（二）违规托运危险品货物，造成危险品事故或者严重征候；
（三）违规托运危险品货物，12个月内造成危险品一般征候两次以上的。

第十章 法律责任

第七十五条 承运人隐瞒有关情况或者提供虚假材料申请危险品航空运输许可的,民航地区管理局不予受理或者不予许可,并给予警告;自该行为发现之日起1年内承运人不得再次申请危险品航空运输许可。

承运人以欺骗、贿赂等不正当手段取得危险品航空运输许可的,由民航地区管理局撤销该危险品航空运输许可,处3万元以下的罚款,承运人在3年内不得再次申请危险品航空运输许可。

第七十六条 托运人或者托运人代理人有下列行为之一的,由民航地区管理局处2万元以上10万元以下的罚款;构成犯罪的,依法追究刑事责任:

(一)违反本规定第二章,托运禁止航空运输的危险品的;

(二)违反本规定第二章,托运限制航空运输的危险品未满足相关法律、法规、规章或者《技术细则》要求的。

第七十七条 托运人或者托运人代理人有下列行为之一的,由民航地区管理局处警告或者5万元以下的罚款;情节严重的,处5万元以上10万元以下的罚款:

(一)违反本规定第二十八条,未按要求对所托运的危险品货物正确地进行分类、识别、包装、加标记、贴标签的;

(二)违反本规定第二十九条,未向承运人说明危险品货物情况或者未提供符合要求的危险品运输文件的;

(三)违反本规定第三十条,未提供所托运危险品货物正确的应急处置举措的;

(四)违反本规定第三十一条,航空货运单、危险品运输文件及相关证明材料中所列货物信息与其实际托运的危险品货物不一致的。

托运人代理人违反本规定第三十三条,从事危险品货物航空运输活动未持有托运人授权书的,依照前款规定处罚。

第七十八条 承运人有下列行为之一的,由民航地区管理局处2万元以上10万元以下的罚款:

(一)违反本规定第十条,未取得危险品航空运输许可运输危险品的;

(二)违反本规定第三十七条,未按照危险品航空运输许可的要求运输危险品的。

第七十九条 承运人、地面服务代理人有下列行为之一的,由民航地区管理局依照《中华人民共和国反恐怖主义法》第八十五条的规定,处10万元以上50万元以下的罚款,并对其直接负责的主管人员和其他直接责任人员处10万元以下的罚款:

（一）违反本规定第六条，对《技术细则》中规定的在任何情况下禁止航空运输的物品或者物质予以运输的；

（二）违反本规定第三十八条第三项，未对运输的危险品货物、邮件进行检查的。

第八十条 承运人、地面服务代理人有下列行为之一的，由民航地区管理局处警告或者5万元以下的罚款；情节严重的，处5万元以上10万元以下的罚款：

（一）违反本规定第八条，未按照本规定及《技术细则》相关规定的要求收运、运输含有危险品邮件的；

（二）违反本规定第二十一条，未按要求制定或者更新危险品航空运输手册的；

（三）违反本规定第二十四条，未采取必要措施确保其危险品航空运输有关人员充分了解履职相关危险品航空运输手册内容的或者未按要求提供危险品航空运输手册的；

（四）违反本规定第二十五条，未按照危险品航空运输手册中规定的程序和要求开展危险品航空运输活动的；

（五）违反本规定第三十八条第一项、第二项，在接收危险品货物、邮件进行航空运输时未按照要求对危险品托运人员和运输相关文件进行确认的；

（六）违反本规定第三十九条，未确保危险品货物、邮件的收运、存放、装载、固定及隔离符合本规定及《技术细则》相关要求的；

（七）违反本规定第四十条，未确保危险品货物、邮件的损坏泄漏检查及污染清除符合本规定及《技术细则》相关要求的；

（八）违反本规定第四十一条，未妥善存放危险品货物、邮件或者未及时处置超期存放的危险品货物、邮件或者未采取适当措施防止危险品货物、邮件被盗、不正当使用的；

（九）违反本规定第四十四条，未对运输的货物、邮件、行李采取措施防止隐含危险品的。

第八十一条 承运人有下列行为之一的，由民航地区管理局责令限期改正，处警告或者5万元以下的罚款；情节严重或者逾期未改正的，处5万元以上10万元以下的罚款：

（一）违反本规定第二十三条，未按要求告知地面服务代理人有关危险品航空运输手册差异化要求的；

（二）违反本规定第四十三条，委托地面服务代理人未签订地面服务代理协议或者代理协议不符合要求的。

第八十二条 承运人、地面服务代理人违反本规定第三十四条、第三十五条，未按照规定建立有效运行的危险品航空运输安全管理体系或者设置机构、配备人员管理危险品航空运输活动的,由民航地区管理局依照《中华人民共和国安全生产法》第九十七条、第一百零一条的规定,责令限期改正,处10万元以下的罚款;逾期未改正的,责令停产停业整顿,并处10万元以上20万元以下的罚款,对其直接负责的主管人员和其他直接责任人员处2万元以上5万元以下的罚款。

第八十三条 地面服务代理人有下列行为之一的,由民航地区管理局责令限期改正,处警告或者5万元以下的罚款;情节严重或者逾期未改正的,处5万元以上10万元以下的罚款:

(一)违反本规定第二十三条第三款,未确保危险品航空运输相关操作满足承运人差异化要求的;

(二)违反本规定第四十六条,未按照地面服务代理协议的相关安全要求开展危险品货物、邮件航空运输活动的;

(三)违反本规定第四十七条,未按照要求向所在地民航地区管理局备案,或者提交虚假备案材料的;

(四)违反本规定第四十八条,未按照备案内容开展危险品航空运输活动的。

第八十四条 托运人、托运人代理人、承运人、地面服务代理人违反本规定第三十二条、第四十二条,未按照规定保存危险品航空运输相关文件的,由民航地区管理局处警告或者5万元以下的罚款;情节严重的,处5万元以上10万元以下的罚款。

第八十五条 托运人、托运人代理人、境内承运人、地面服务代理人、从事民航安全检查工作的机构以及危险品培训机构有下列行为之一的,由民航地区管理局依照《中华人民共和国安全生产法》第九十七条的规定,责令限期改正,处10万元以下的罚款;逾期未改正的,责令停产停业整顿,并处10万元以上20万元以下的罚款,对其直接负责的主管人员和其他直接责任人员处2万元以上5万元以下的罚款:

(一)违反本规定第五十九条,其危险品航空运输从业人员未按照规定经过培训并考核合格的;

(二)违反本规定第六十一条,未按照规定如实记录安全生产教育和培训情况的。

港澳台地区承运人、外国承运人违反本规定第六十条,未按照要求对其危险品航空运输活动相关人员进行培训的,依照前款规定予以处罚。

第八十六条 有下列行为之一的,由民航地区管理局责令限期改正,处警告或者5万元以下的罚款;情节严重或者逾期未改正的,处5万元以上10万元以下的罚款:

(一)承运人、地面服务代理人、机场管理机构违反本规定第五十二条,未按照要求在机场张贴危险品布告的；

（二）承运人、地面服务代理人、机场管理机构、从事民航安全检查工作的机构违反本规定第五十四条，未按照要求向其从业人员提供信息或者行动指南的；

（三）境内承运人、地面服务代理人、从事民航安全检查工作的机构、危险品培训机构违反本规定第六十二条、第六十三条、第六十四条，未持有符合要求的危险品培训大纲并及时修订更新或者未按照大纲开展培训活动的。

第八十七条　承运人、地面服务代理人、从事民航安全检查工作的机构、危险品培训机构等相关单位违反本规定第五十八条，未按照要求报送危险品航空运输有关信息或者数据的，由民航地区管理局责令限期改正，处警告或者5万元以下的罚款；情节严重或者逾期未改正的，处5万元以上10万元以下的罚款。

第八十八条　危险品培训机构有下列行为之一的，由民航地区管理局责令限期改正，处警告或者5万元以下的罚款；情节严重或者逾期未改正的，处5万元以上10万元以下的罚款：

（一）违反本规定第六十五条、第六十六条，未按时备案或者提交虚假备案材料的；

（二）违反本规定第六十七条，未按照要求开展危险品培训的；

（三）违反本规定第六十九条、第七十条，危险品培训教员未满足相关要求的。

第八十九条　违反本规定，有关危险物品的法律、行政法规对其处罚有明确规定的，从其规定。

第十一章　附　　则

第九十条　本规定中下列用语，除具体条款中另有规定外，含义如下：

（一）危险品，是指列在《技术细则》危险品清单中或者根据《技术细则》的归类，能对健康、安全、财产或者环境构成危险的物品或者物质。

（二）《技术细则》，是指根据国际民航组织理事会制定的程序而定期批准和公布的《危险物品安全航空运输技术细则》(Doc 9284号文件)及其补篇、增编和更正。

（三）托运人，是指为货物运输与承运人订立合同，并在航空货运单或者货物记录上签字的人。

（四）托运人代理人，是指经托运人授权，代表托运人托运货物或者签署货物航空运输相关文件的人。

（五）承运人，是指以营利为目的，使用民用航空器运送旅客、行李、货物、邮件的公共航空运输企业。

（六）地面服务代理人，是指依照中华人民共和国法律成立的，与承运人签订地面代理协议，在中华人民共和国境内机场从事公共航空运输地面服务代理业务的企业。

（七）危险品航空运输事件，是指与危险品航空运输有关的不安全事件，包括危险品事故、危险品严重征候、危险品一般征候及危险品一般事件。

（八）危险品运输文件，是指托运人或者托运人代理人签署的，向承运人申报所运输危险品详细信息的文件。

第九十一条 本规定自 2024 年 7 月 1 日起施行。交通运输部于 2016 年 4 月 13 日以交通运输部令 2016 年第 42 号公布的《民用航空危险品运输管理规定》同时废止。

财政部关于公布废止和失效的财政规章和规范性文件目录（第十四批）的决定

（2024 年 1 月 20 日财政部令第 114 号公布　自公布之日起施行　国司备字［2024010286］）

为了适应依法行政、依法理财的需要，根据《财政部规章和规范性文件清理工作规则》，我部对截至 2022 年 12 月底发布的现行财政规章和规范性文件进行了全面清理。经过清理，确定废止和失效的财政规章和规范性文件共 718 件，其中，废止的财政规章 14 件，废止的财政规范性文件 447 件，失效的财政规范性文件 257 件。现将废止和失效的财政规章和规范性文件的目录予以公布。

废止和失效的财政规章和规范性文件目录(第十四批)

(718件)

一、废止的财政规章目录(14件)

序号	文件名称	制定机关	文号	公布日期
1	关于修改《中国清洁发展机制基金管理办法》的决定	财政部、国家发展改革委、外交部、科技部、环保部、农业部、中国气象局	财政部 国家发展改革委 外交部 科技部 环保部 农业部 中国气象局令第95号	2017年12月29日
2	关于修改《科学研究和教学用品免征进口税收规定》的决定	财政部、海关总署、税务总局	财政部 海关总署 税务总局令第93号	2017年12月20日
3	行政单位财务规则	财政部	财政部令第71号	2012年12月6日
4	事业单位财务规则	财政部	财政部令第68号	2012年2月7日
5	中华人民共和国资源税暂行条例实施细则	财政部、税务总局	财政部 税务总局令第66号	2011年10月28日
6	关于修改《科技开发用品免征进口税收暂行规定》和《科学研究和教学用品免征进口税收规定》的决定	财政部、海关总署、税务总局	财政部 海关总署 税务总局令第63号	2011年6月14日
7	中国清洁发展机制基金管理办法	财政部、国家发展改革委、外交部、科技部、环保部、农业部、中国气象局	财政部 国家发展改革委 外交部 科技部 环保部 农业部 中国气象局令第59号	2010年9月14日
8	道路交通事故社会救助基金管理试行办法	财政部、中国保监会、公安部、卫生部、农业部	财政部 保监会 公安部 卫生部 农业部令第56号	2009年9月10日

续表

序号	文件名称	制定机关	文号	公布日期
9	科学研究和教学用品免征进口税收规定	财政部、海关总署、税务总局	财政部 海关总署 税务总局令第45号	2007年1月31日
10	财政部信访工作办法	财政部	财政部令第30号	2005年8月22日
11	财政机关行政处罚听证实施办法	财政部	财政部令第23号	2005年1月4日
12	中华人民共和国契税暂行条例细则	财政部	财法字〔1997〕52号	1997年10月28日
13	中华人民共和国印花税暂行条例施行细则	财政部	（88）财税字第255号	1988年9月29日
14	罚没财物和追回赃款赃物管理办法	财政部	（86）财预第228号	1986年12月31日

二、废止的财政规范性文件目录（447件）
综合类

序号	文件名称	制定机关	文号	公布日期
1	关于印发《中央专项彩票公益金支持地方社会公益事业发展资金管理办法》的通知	财政部	财综〔2021〕21号	2021年6月7日
2	关于印发《城镇保障性安居工程财政资金绩效评价办法》的通知	财政部、住房城乡建设部	财综〔2020〕19号	2020年6月15日
3	关于印发《中央财政城镇保障性安居工程专项资金管理办法》的通知	财政部、住房城乡建设部	财综〔2019〕31号	2019年8月22日

续表

序号	文件名称	制定机关	文号	公布日期
4	关于进一步明确矿业权出让收益征收管理有关问题的通知	财政部、自然资源部	财综〔2019〕11号	2019年4月2日
5	关于印发《矿业权出让收益征收管理暂行办法》的通知	财政部、国土资源部	财综〔2017〕35号	2017年6月29日
6	关于印发《城镇保障性安居工程财政资金绩效评价办法》的通知	财政部、住房城乡建设部	财综〔2017〕6号	2017年1月20日
7	关于印发《中央财政城镇保障性安居工程专项资金管理办法》的通知	财政部、住房城乡建设部	财综〔2017〕2号	2017年1月20日
8	关于运用政府和社会资本合作模式推进公共租赁住房投资建设和运营管理的通知	财政部、国土资源部、住房城乡建设部、中国人民银行、税务总局、中国银监会	财综〔2015〕15号	2015年4月21日
9	关于印发《政府购买服务管理办法(暂行)》的通知	财政部、民政部、工商总局	财综〔2014〕96号	2014年12月15日
10	关于印发《彩票公益金管理办法》的通知	财政部	财综〔2012〕15号	2012年3月2日
11	关于印发《中央专项彩票公益金支持乡村学校少年宫项目管理办法》的通知	财政部、中央文明办、教育部	财综〔2011〕44号	2011年6月22日
12	关于印发《土地储备资金财务管理暂行办法》的通知	财政部、国土资源部	财综〔2007〕17号	2007年2月27日

税收及非税收入类

序号	文件名称	制定机关	文号	公布日期
13	关于加大支持科技创新税前扣除力度的公告	财政部、税务总局、科技部	公告2022年第28号	2022年9月22日
14	关于进一步提高科技型中小企业研发费用税前加计扣除比例的公告	财政部、税务总局、科技部	公告2022年第16号	2022年3月23日
15	关于明确先进制造业增值税期末留抵退税政策的公告	财政部、税务总局	公告2021年第15号	2021年4月23日
16	关于进一步完善研发费用税前加计扣除政策的公告	财政部、税务总局	公告2021年第13号	2021年3月31日
17	关于明确部分先进制造业增值税期末留抵退税政策的公告	财政部、税务总局	公告2019年第84号	2019年8月31日
18	关于调整铁路和航空运输企业汇总缴纳增值税总分机构名单的通知	财政部、税务总局	财税〔2019〕1号	2019年1月2日
19	关于中国邮政储蓄银行三农金融事业部涉农贷款增值税政策的通知	财政部、税务总局	财税〔2018〕97号	2018年9月12日
20	关于进一步扩大小型微利企业所得税优惠政策范围的通知	财政部、税务总局	财税〔2018〕77号	2018年7月11日
21	关于延续宣传文化增值税优惠政策的通知	财政部、税务总局	财税〔2018〕53号	2018年6月5日
22	关于对营业账簿减免印花税的通知	财政部、税务总局	财税〔2018〕50号	2018年5月3日

续表

序号	文件名称	制定机关	文号	公布日期
23	关于调整湖南省砂石资源税适用税率的批复	财政部、税务总局	财税〔2018〕9号	2018年1月25日
24	关于境外投资者以分配利润直接投资暂不征收预提所得税政策问题的通知	财政部、税务总局、国家发展改革委、商务部	财税〔2017〕88号	2017年12月21日
25	关于延续小微企业增值税政策的通知	财政部、税务总局	财税〔2017〕76号	2017年10月20日
26	关于调整铁路和航空运输企业汇总缴纳增值税分支机构名单的通知	财政部、税务总局	财税〔2017〕67号	2017年8月22日
27	关于广告费和业务宣传费支出税前扣除政策的通知	财政部、税务总局	财税〔2017〕41号	2017年5月27日
28	关于继续执行有线电视收视费增值税政策的通知	财政部、税务总局	财税〔2017〕35号	2017年4月28日
29	关于垃圾填埋沼气发电列入《环境保护、节能节水项目企业所得税优惠目录（试行）》的通知	财政部、税务总局、国家发展改革委	财税〔2016〕131号	2016年12月1日
30	关于继续执行研发机构采购设备增值税政策的通知	财政部、商务部、税务总局	财税〔2016〕121号	2016年11月16日
31	关于收费公路通行费增值税抵扣有关问题的通知	财政部、税务总局	财税〔2016〕86号	2016年8月3日

续表

序号	文件名称	制定机关	文号	公布日期
32	关于城市公交企业购置公共汽电车辆免征车辆购置税的通知	财政部、税务总局	财税〔2016〕84号	2016年7月25日
33	关于资源税改革具体政策问题的通知	财政部、税务总局	财税〔2016〕54号	2016年5月9日
34	关于全面推进资源税改革的通知	财政部、税务总局	财税〔2016〕53号	2016年5月9日
35	关于公益性捐赠税前扣除资格确认审批有关调整事项的通知	财政部、税务总局、民政部	财税〔2015〕141号	2015年12月31日
36	关于完善港口建设费征收政策有关问题的通知	财政部、交通运输部	财税〔2015〕131号	2015年12月18日
37	关于影视等出口服务适用增值税零税率政策的通知	财政部、税务总局	财税〔2015〕118号	2015年10月30日
38	关于调整铁路和航空运输企业汇总缴纳增值税分支机构名单的通知	财政部、税务总局	财税〔2015〕87号	2015年8月10日
39	关于印发《资源综合利用产品和劳务增值税优惠目录》的通知	财政部、税务总局	财税〔2015〕78号	2015年6月12日
40	关于实施稀土 钨钼资源税从价计征改革的通知	财政部、税务总局	财税〔2015〕52号	2015年4月30日
41	关于新疆维吾尔自治区煤炭资源税适用税率的批复	财政部、税务总局	财税〔2014〕147号	2014年12月25日
42	关于青海省煤炭资源税适用税率的批复	财政部、税务总局	财税〔2014〕146号	2014年12月25日

续表

序号	文件名称	制定机关	文号	公布日期
43	关于宁夏回族自治区煤炭资源税适用税率的批复	财政部、税务总局	财税〔2014〕145号	2014年12月25日
44	关于甘肃省煤炭资源税适用税率的批复	财政部、税务总局	财税〔2014〕144号	2014年12月25日
45	关于陕西省煤炭资源税适用税率的批复	财政部、税务总局	财税〔2014〕143号	2014年12月25日
46	关于云南省煤炭资源税适用税率的批复	财政部、税务总局	财税〔2014〕142号	2014年12月25日
47	关于贵州省煤炭资源税适用税率的批复	财政部、税务总局	财税〔2014〕141号	2014年12月25日
48	关于四川省煤炭资源税适用税率的批复	财政部、税务总局	财税〔2014〕140号	2014年12月25日
49	关于重庆市煤炭资源税适用税率的批复	财政部、税务总局	财税〔2014〕139号	2014年12月25日
50	关于广西壮族自治区煤炭资源税适用税率的批复	财政部、税务总局	财税〔2014〕138号	2014年12月25日
51	关于湖南省煤炭资源税适用税率的批复	财政部、税务总局	财税〔2014〕137号	2014年12月25日
52	关于湖北省煤炭资源税适用税率的批复	财政部、税务总局	财税〔2014〕136号	2014年12月25日
53	关于河南省煤炭资源税适用税率的批复	财政部、税务总局	财税〔2014〕135号	2014年12月25日
54	关于山东省煤炭资源税适用税率的批复	财政部、税务总局	财税〔2014〕134号	2014年12月25日
55	关于江西省煤炭资源税适用税率的批复	财政部、税务总局	财税〔2014〕133号	2014年12月25日
56	关于福建省煤炭资源税适用税率的批复	财政部、税务总局	财税〔2014〕132号	2014年12月25日

续表

序号	文件名称	制定机关	文号	公布日期
57	关于安徽省煤炭资源税适用税率的批复	财政部、税务总局	财税〔2014〕131号	2014年12月25日
58	关于江苏省煤炭资源税适用税率的批复	财政部、税务总局	财税〔2014〕130号	2014年12月25日
59	关于黑龙江省煤炭资源税适用税率的批复	财政部、税务总局	财税〔2014〕129号	2014年12月25日
60	关于吉林省煤炭资源税适用税率的批复	财政部、税务总局	财税〔2014〕128号	2014年12月25日
61	关于辽宁省煤炭资源税适用税率的批复	财政部、税务总局	财税〔2014〕127号	2014年12月25日
62	关于山西省煤炭资源税适用税率的批复	财政部、税务总局	财税〔2014〕126号	2014年12月25日
63	关于内蒙古自治区煤炭资源税适用税率的批复	财政部、税务总局	财税〔2014〕125号	2014年12月25日
64	关于河北省煤炭资源税适用税率的批复	财政部、税务总局	财税〔2014〕124号	2014年12月25日
65	关于北京市煤炭资源税适用税率的批复	财政部、税务总局	财税〔2014〕123号	2014年12月25日
66	关于华夏航空有限公司及其分支机构增值税计算缴纳问题的通知	财政部、税务总局	财税〔2014〕76号	2014年10月17日
67	关于调整原油、天然气资源税有关政策的通知	财政部、税务总局	财税〔2014〕73号	2014年10月9日
68	关于实施煤炭资源税改革的通知	财政部、税务总局	财税〔2014〕72号	2014年10月9日
69	关于铁路运输企业汇总缴纳增值税的补充通知	财政部、税务总局	财税〔2014〕54号	2014年8月5日

续表

序号	文件名称	制定机关	文号	公布日期
70	关于扩大启运港退税政策试点范围的通知	财政部、海关总署、税务总局	财税〔2014〕53号	2014年7月30日
71	关于实施全国中小企业股份转让系统挂牌公司股息红利差别化个人所得税政策有关问题的通知	财政部、税务总局、中国证监会	财税〔2014〕48号	2014年6月27日
72	关于国际水路运输增值税零税率政策的补充通知	财政部、税务总局	财税〔2014〕50号	2014年6月13日
73	关于在全国中小企业股份转让系统转让股票有关证券(股票)交易印花税政策的通知	财政部、税务总局	财税〔2014〕47号	2014年5月27日
74	关于转让优先股有关证券(股票)交易印花税政策的通知	财政部、税务总局	财税〔2014〕46号	2014年5月27日
75	关于将电信业纳入营业税改征增值税试点的通知	财政部、税务总局	财税〔2014〕43号	2014年4月29日
76	关于深圳前海深港现代服务业合作区个人所得税优惠政策的通知	财政部、税务总局	财税〔2014〕25号	2014年3月28日
77	关于广东横琴新区个人所得税优惠政策的通知	财政部、税务总局	财税〔2014〕23号	2014年3月28日
78	关于首次公开发行股票时公司股东公开发售股份有关印花税政策的通知	财政部、税务总局	财税〔2014〕3号	2014年1月13日

续表

序号	文件名称	制定机关	文号	公布日期
79	关于中国农业银行三农金融事业部涉农贷款营业税优惠政策的通知	财政部、税务总局	财税〔2014〕5号	2014年1月10日
80	关于夫妻之间房屋土地权属变更有关契税政策的通知	财政部、税务总局	财税〔2014〕4号	2013年12月31日
81	关于铁路运输和邮政业营业税改征增值税试点有关政策的补充通知	财政部、税务总局	财税〔2013〕121号	2013年12月30日
82	关于铁路运输企业汇总缴纳增值税的通知	财政部、税务总局	财税〔2013〕111号	2013年12月30日
83	关于延续宣传文化增值税和营业税优惠政策的通知	财政部、税务总局	财税〔2013〕87号	2013年12月25日
84	关于将铁路运输和邮政业纳入营业税改征增值税试点的通知	财政部、税务总局	财税〔2013〕106号	2013年12月12日
85	关于对部分营业税纳税人免征文化事业建设费的通知	财政部、税务总局	财综〔2013〕102号	2013年12月3日
86	关于动漫产业增值税和营业税政策的通知	财政部、税务总局	财税〔2013〕98号	2013年11月28日
87	关于部分航空运输企业总分机构增值税计算缴纳问题的通知	财政部、税务总局	财税〔2013〕86号	2013年10月24日
88	关于同意南京港长江大桥以上港区减半征收港口建设费的批复	财政部、交通运输部	财综〔2012〕40号	2012年6月6日
89	关于免征客滚运输港口建设费的通知	财政部、交通运输部	财综〔2011〕100号	2011年10月18日

续表

序号	文件名称	制定机关	文号	公布日期
90	关于继续执行研发机构采购设备税收政策的通知	财政部、商务部、海关总署、税务总局	财税〔2011〕88号	2011年10月10日
91	关于调整个体工商户业主个人独资企业和合伙企业自然人投资者个人所得税费用扣除标准的通知	财政部、税务总局	财税〔2011〕62号	2011年7月29日
92	关于购房人办理退房有关契税问题的通知	财政部、税务总局	财税〔2011〕32号	2011年4月26日
93	关于印发《港口建设费征收使用管理办法》的通知	财政部、交通运输部	财综〔2011〕29号	2011年4月25日
94	关于调整房地产交易环节契税 个人所得税优惠政策的通知	财政部、税务总局、住房城乡建设部	财税〔2010〕94号	2010年9月29日
95	关于公益性捐赠税前扣除有关问题的补充通知	财政部、税务总局、民政部	财税〔2010〕45号	2010年7月21日
96	关于公布环境保护节能节水项目企业所得税优惠目录(试行)的通知	财政部、税务总局、国家发展改革委	财税〔2009〕166号	2009年12月31日
97	关于通过公益性群众团体的公益性捐赠税前扣除有关问题的通知	财政部、税务总局	财税〔2009〕124号	2009年12月8日
98	关于上市公司高管人员股票期权所得缴纳个人所得税有关问题的通知	财政部、税务总局	财税〔2009〕40号	2009年5月4日

149

续表

序号	文件名称	制定机关	文号	公布日期
99	关于公益性捐赠税前扣除有关问题的通知	财政部、税务总局、民政部	财税〔2008〕160号	2008年12月31日
100	关于企业改制过程中以国家作价出资(入股)方式转移国有土地使用权有关契税问题的通知	财政部、税务总局	财税〔2008〕129号	2008年10月22日
101	关于公布《安全生产专用设备企业所得税优惠目录(2008年版)》的通知	财政部、税务总局、安全监管总局	财税〔2008〕118号	2008年8月20日
102	关于公布资源综合利用企业所得税优惠目录(2008年版)的通知	财政部、税务总局、国家发展改革委	财税〔2008〕117号	2008年8月20日
103	关于土地使用权转让契税计税依据的批复	财政部、税务总局	财税〔2007〕162号	2007年12月11日
104	关于对买卖封闭式证券投资基金继续予以免征印花税的通知	财政部、税务总局	财税〔2004〕173号	2004年11月5日
105	关于改变印花税按期汇总缴纳管理办法的通知	财政部、税务总局	财税〔2004〕170号	2004年11月5日
106	关于农用三轮车免征车辆购置税的通知	财政部、税务总局	财税〔2004〕66号	2004年9月7日
107	关于国有土地使用权出让等有关契税问题的通知	财政部、税务总局	财税〔2004〕134号	2004年8月3日
108	关于房屋附属设施有关契税政策的批复	财政部、税务总局	财税〔2004〕126号	2004年7月23日

续表

序号	文件名称	制定机关	文号	公布日期
109	关于做好取消城市维护建设税审批项目后续管理工作的通知	财政部、税务总局	财税〔2003〕230号	2003年11月10日
110	关于三峡电站电力产品增值税税收政策问题的通知	财政部、税务总局	财税〔2002〕24号	2002年2月4日
111	关于社会力量办学契税政策问题的通知	财政部、税务总局	财税〔2001〕156号	2001年9月8日
112	关于对中国农业发展银行各级机构购买办公房屋恢复征收契税的通知	财政部、税务总局	财税〔2001〕63号	2001年4月16日
113	关于公有制单位职工首次购买住房免征契税的通知	财政部、税务总局	财税〔2000〕130号	2000年11月29日
114	关于同意收取国际注册内部审计师报名考务费的函	财政部、国家计委	财综字〔1999〕144号	1999年9月16日
115	关于契税征收中几个问题的批复	财政部、税务总局	财税字〔1998〕96号	1998年5月29日
116	关于微山湖地区煤炭资源税纳税地点意见的函	财政部、税务总局	财税字〔1997〕55号	1997年4月2日
117	关于军队干部工资薪金收入征收个人所得税的通知	财政部、税务总局	财税字〔1996〕14号	1996年2月14日
118	关于铁路系统征收资源税问题的通知	财政部、税务总局	财税字〔1995〕75号	1995年9月30日
119	关于修订《中外合作开采陆上石油资源缴纳矿区使用费暂行规定》的通知	财政部、税务总局	财税字〔1995〕63号	1995年7月28日

续表

序号	文件名称	制定机关	文号	公布日期
120	关于银行部门以超过国家利率支付给储户的揽储奖金征收个人所得税问题的批复	财政部、税务总局	财税字〔1995〕64号	1995年7月6日
121	关于城建税征收问题的通知	财政部	（93）财法字第42号	1993年12月29日
122	关于对外籍人员、华侨、港、澳、台同胞拥有的房产如何征收房产税问题的批复	财政部	（87）财税外字第230号	1987年8月11日
123	关于缴纳城市维护建设税问题的复函	财政部、税务总局	（86）财税地字第4号	1986年5月31日
124	关于跨省油田和管道局缴纳城市维护建设税问题的答复	财政部、税务总局	（85）财税地字第5号	1985年6月25日
125	关于城市维护建设税几个具体问题的补充规定	财政部	（85）财税字第143号	1985年6月4日
126	关于城市维护建设税几个具体问题的规定	财政部	（85）财税字第69号	1985年3月22日
127	关于《中华人民共和国城市维护建设税暂行条例》执行日期等问题的通知	财政部	（85）财税字第55号	1985年2月15日

关税类

序号	文件名称	制定机关	文号	公布日期
128	关于调整重大技术装备进口税收政策有关目录的通知	财政部、工业和信息化部、海关总署、税务总局、国家能源局	财关税〔2019〕38号	2019年11月26日

续表

序号	文件名称	制定机关	文号	公布日期
129	关于调整重大技术装备进口税收政策有关目录的通知	财政部、国家发展改革委、工业和信息化部、海关总署、税务总局、国家能源局	财关税〔2018〕42号	2018年11月14日
130	关于调整重大技术装备进口税收政策有关目录的通知	财政部、工业和信息化部、海关总署、税务总局	财关税〔2017〕39号	2017年12月22日
131	关于调整重大技术装备进口税收政策有关目录及规定的通知	财政部、国家发展改革委、工业和信息化部、海关总署、税务总局、国家能源局	财关税〔2015〕51号	2015年12月1日
132	关于调整集成电路生产企业进口自用生产性原材料、消耗品免税商品清单的通知	财政部、国家发展改革委、工业和信息化部、海关总署、税务总局	财关税〔2015〕46号	2015年11月11日
133	关于科研机构进口医疗检测、分析仪器有关税收事项的通知	财政部、海关总署、税务总局	财关税〔2015〕23号	2015年6月3日
134	关于调整重大技术装备进口税收政策的通知	财政部、国家发展改革委、工业和信息化部、海关总署、税务总局、国家能源局	财关税〔2014〕2号	2014年2月18日
135	关于驻外使领馆工作人员离任回国所携自用车辆进口税收政策问题的通知	财政部	财关税〔2005〕11号	2005年2月24日

续表

序号	文件名称	制定机关	文号	公布日期
136	关于线宽小于0.8微米(含)集成电路企业进口自用生产性原材料 消耗品享受税收优惠政策的通知	财政部、海关总署、税务总局、信息产业部	财关税〔2004〕45号	2004年10月10日
137	关于部分集成电路生产企业进口净化室专用建筑材料等物资税收政策问题的通知	财政部	财税〔2002〕152号	2002年9月26日
138	关于部分集成电路生产企业进口自用生产性原材料、消耗品税收政策的通知	财政部	财税〔2002〕136号	2002年8月24日

预算类

序号	文件名称	制定机关	文号	公布日期
139	关于印发《地方财政管理工作考核与激励办法》的通知	财政部	财预〔2020〕3号	2020年1月3日
140	关于印发《中央对地方均衡性转移支付办法》的通知	财政部	财预〔2019〕108号	2019年5月31日
141	关于印发《中央对地方资源枯竭城市转移支付办法》的通知	财政部	财预〔2019〕97号	2019年5月9日
142	关于印发《中央对地方重点生态功能区转移支付办法》的通知	财政部	财预〔2019〕94号	2019年5月9日
143	关于修订《财政管理工作绩效考核与激励办法》的通知	财政部	财预〔2018〕222号	2018年12月29日

续表

序号	文件名称	制定机关	文号	公布日期
144	关于印发《中央对地方重点生态功能区转移支付办法》的通知	财政部	财预〔2018〕86号	2018年6月25日
145	关于印发《中央财政县级基本财力保障机制奖补资金管理办法》的通知	财政部	财预〔2017〕114号	2017年7月21日
146	关于印发《中央对地方资源枯竭城市转移支付办法》的通知	财政部	财预〔2017〕103号	2017年7月3日
147	关于印发《新增地方政府债务限额分配管理暂行办法》的通知	财政部	财预〔2017〕35号	2017年3月23日
148	关于印发《中央财政农业转移人口市民化奖励资金管理办法》的通知	财政部	财预〔2016〕162号	2016年11月19日
149	关于印发《中央对地方资源枯竭城市转移支付办法》的通知	财政部	财预〔2016〕97号	2016年6月30日
150	关于加快推进中央本级项目支出定额标准体系建设的通知	财政部	财预〔2015〕132号	2015年7月20日
151	关于印发《边境地区转移支付资金管理办法》的通知	财政部	财预〔2015〕122号	2015年7月2日
152	关于印发《革命老区转移支付资金管理办法》的通知	财政部	财预〔2015〕121号	2015年7月2日
153	关于印发《预算绩效管理工作考核办法》的通知	财政部	财预〔2015〕25号	2015年2月12日

续表

序号	文件名称	制定机关	文号	公布日期
154	关于印发《财政支出绩效评价管理暂行办法》的通知	财政部	财预〔2011〕285号	2011年4月2日
155	关于印发《中央本级项目支出定额标准体系建设实施方案》的通知	财政部	财预〔2009〕404号	2009年11月19日

国库类

序号	文件名称	制定机关	文号	公布日期
156	关于修订印发《政府综合财务报告编制操作指南(试行)》的通知	财政部	财库〔2018〕30号	2018年3月1日
157	关于修订印发《政府部门财务报告编制操作指南(试行)》的通知	财政部	财库〔2018〕29号	2018年3月1日
158	关于印发《国库集中支付电子化管理接口报文规范(2017)》的通知	财政部、中国人民银行	财库〔2017〕201号	2017年11月30日
159	关于印发《国债承销团组建工作管理办法》的通知	财政部、中国人民银行、中国证监会	财库〔2017〕145号	2017年8月31日
160	关于印发《政府财务报告编制办法(试行)》的通知	财政部	财库〔2015〕212号	2015年11月16日
161	关于印发《新旧财政总预算会计制度有关衔接问题的处理规定》的通知	财政部	财库〔2015〕205号	2015年10月30日

续表

序号	文件名称	制定机关	文号	公布日期
162	关于印发《财政总预算会计制度》的通知	财政部	财库〔2015〕192号	2015年10月10日
163	关于印发《地方政府专项债券发行管理暂行办法》的通知	财政部	财库〔2015〕83号	2015年4月2日
164	关于印发《地方政府一般债券发行管理暂行办法》的通知	财政部	财库〔2015〕64号	2015年3月12日
165	关于印发《政府和社会资本合作项目政府采购管理办法》的通知	财政部	财库〔2014〕215号	2014年12月31日
166	关于印发《中央财政国库动态监控管理暂行办法》的通知	财政部	财库〔2013〕217号	2013年12月16日
167	关于印发《部门决算管理制度》的通知	财政部	财库〔2013〕209号	2013年12月10日
168	关于印发《政府采购品目分类目录》的通知	财政部	财库〔2013〕189号	2013年10月29日
169	关于印发《政府采购促进中小企业发展暂行办法》的通知	财政部、工业和信息化部	财库〔2011〕181号	2011年12月29日
170	关于信息安全产品实施政府采购的通知	财政部、工业和信息化部、质检总局、国家认监委	财库〔2010〕48号	2010年4月28日
171	关于环境标志产品政府采购实施的意见	财政部、国家环保总局	财库〔2006〕90号	2006年10月24日
172	关于印发无线局域网产品政府采购实施意见的通知	财政部	财库〔2005〕366号	2005年12月30日

续表

序号	文件名称	制定机关	文号	公布日期
173	关于印发《节能产品政府采购实施意见》的通知	财政部、国家发展改革委	财库〔2004〕185号	2004年12月17日
174	关于印发《中华人民共和国国债托管管理暂行办法》的通知	财政部	财国债字〔1997〕25号	1997年4月10日

行政政法类

序号	文件名称	制定机关	文号	公布日期
175	关于进一步加强代扣代收代征税款手续费管理的通知	财政部、税务总局、人民银行	财行〔2019〕11号	2019年2月2日
176	关于印发《"十三五"期间中央专项彩票公益金支持农村贫困母亲"两癌"救助项目管理办法》的通知	财政部、全国妇联	财行〔2018〕320号	2018年11月19日
177	关于印发《人民检察院财务管理暂行办法》的通知	财政部、最高人民检察院	财行〔2014〕2号	2014年2月17日
178	关于印发《中央和国家机关培训费管理办法》的通知	财政部、中央组织部、国家公务员局	财行〔2013〕523号	2013年12月29日
179	关于印发《中央和国家机关会议费管理办法》的通知	财政部、国管局、中直管理局	财行〔2013〕286号	2013年9月13日
180	关于印发《司法行政系统执法执勤用车配备使用管理办法(试行)》的通知	财政部、司法部	财行〔2012〕296号	2012年9月18日

续表

序号	文件名称	制定机关	文号	公布日期
181	关于印发《2011年至2015年中央专项彩票公益金支持农村贫困母亲两癌救助项目管理办法》的通知	财政部、全国妇联	财行〔2011〕711号	2011年12月12日
182	关于印发《驻外外交机构馆舍购建修缮项目和经费暂行管理办法》的通知	财政部	财行〔2008〕43号	2008年4月2日
183	关于明确保险机构代收代缴车船税手续费有关问题的通知	财政部、税务总局	财行〔2007〕659号	2007年12月31日
184	关于印发《国家标准制修订经费管理办法》的通知	财政部、质检总局、国家标准委	财行〔2007〕29号	2007年2月12日
185	关于进一步加强代扣代收代征税款手续费管理的通知	财政部、税务总局、中国人民银行	财行〔2005〕365号	2005年11月14日
186	关于印发《关于驻外使领馆馆舍改造项目管理人员及其生活待遇的有关规定》的通知	财政部、外交部	财行〔2005〕318号	2005年10月31日
187	关于印发《人民法院诉讼费管理办法》的通知	财政部、最高人民法院	财行〔2003〕275号	2003年12月26日
188	关于印发《人民法院财务管理暂行办法》的通知	财政部、最高人民法院	财行〔2001〕276号	2001年11月28日
189	关于印发《举报制售假冒伪劣产品违法犯罪活动有功人员奖励办法》的通知	财政部、工商总局、质检总局	财行〔2001〕175号	2001年10月24日

续表

序号	文件名称	制定机关	文号	公布日期
190	关于调整机要交通员押运途中伙食补助费标准的通知	财政部	（90）财文字第505号	1990年7月30日

科教文类

序号	文件名称	制定机关	文号	公布日期
191	关于印发《改善普通高中学校办学条件补助资金管理办法》的通知	财政部、教育部	财教〔2019〕262号	2019年12月31日
192	关于印发《特殊教育补助资金管理办法》的通知	财政部、教育部	财教〔2019〕261号	2019年12月31日
193	关于印发《现代职业教育质量提升计划资金管理办法》的通知	财政部、教育部	财教〔2019〕258号	2019年12月31日
194	关于印发《中小学幼儿园教师国家级培训计划资金管理办法》的通知	财政部、教育部	财教〔2019〕257号	2019年12月31日
195	关于印发《支持学前教育发展资金管理办法》的通知	财政部、教育部	财教〔2019〕256号	2019年12月31日
196	关于印发《中央引导地方科技发展资金管理办法》的通知	财政部、科技部	财教〔2019〕129号	2019年9月24日
197	关于印发《城乡义务教育补助经费管理办法》的通知	财政部、教育部	财教〔2019〕121号	2019年9月12日

续表

序号	文件名称	制定机关	文号	公布日期
198	关于印发《义务教育薄弱环节改善与能力提升补助资金管理办法》的通知	财政部、教育部	财教〔2019〕100号	2019年8月2日
199	关于印发《学生资助资金管理办法》的通知	财政部、教育部、人力资源社会保障部、退役军人事务部、中央军委国防动员部	财科教〔2019〕19号	2019年4月1日
200	关于《国家非物质文化遗产保护专项资金管理办法》的补充通知	财政部、文化和旅游部	财文〔2018〕135号	2018年11月12日
201	关于《中央补助地方公共文化服务体系建设专项资金管理暂行办法》的补充通知	财政部	财文〔2018〕134号	2018年11月12日
202	关于电影有关专项资金管理的通知	财政部	财文〔2018〕77号	2018年7月18日
203	关于调整中央级国家电影事业发展专项资金使用范围和分配方式的通知	财政部	财文〔2018〕46号	2018年6月16日
204	关于《少数民族地区和边疆地区文化安全专项资金管理办法》的补充通知	财政部	财文〔2018〕42号	2018年6月13日
205	关于印发《中央专项彩票公益金支持乡村学校少年宫项目管理办法》的通知	财政部、中央文明办、教育部	财教〔2016〕189号	2016年6月20日

续表

序号	文件名称	制定机关	文号	公布日期
206	关于《国家非物质文化遗产保护专项资金管理办法》的补充通知	财政部、文化部	财文〔2016〕29号	2016年12月11日
207	关于《中央补助地方美术馆 公共图书馆 文化馆（站）免费开放专项资金管理暂行办法》的补充通知	财政部、文化部	财文〔2016〕28号	2016年12月11日
208	关于印发《中央级国家电影事业发展专项资金预算管理办法》的补充通知	财政部、新闻出版广电总局	财文〔2016〕30号	2016年12月9日
209	关于印发《普通高中国家助学金管理办法》的通知	财政部、教育部	财科教〔2016〕37号	2016年12月5日
210	关于印发《特殊教育补助资金管理办法》的通知	财政部、教育部	财科教〔2016〕32号	2016年12月5日
211	关于印发《现代职业教育质量提升计划专项资金管理办法》的通知	财政部、教育部	财科教〔2016〕31号	2016年12月5日
212	关于印发《改善普通高中学校办学条件补助资金管理办法》的通知	财政部、教育部	财科教〔2016〕30号	2016年12月5日
213	关于印发《中小学幼儿园教师国家级培训计划专项资金管理办法》的通知	财政部、教育部	财科教〔2016〕29号	2016年12月5日

续表

序号	文件名称	制定机关	文号	公布日期
214	关于《中央引导地方科技发展专项资金管理办法》的补充通知	财政部、科技部	财科教〔2016〕25号	2016年12月2日
215	关于《中央级科学事业单位修缮购置专项资金管理办法》的补充通知	财政部	财科教〔2016〕21号	2016年11月30日
216	关于印发《高等学校哲学社会科学繁荣计划专项资金管理办法》的通知	财政部、教育部	财教〔2016〕317号	2016年10月26日
217	关于印发《中央高校基本科研业务费管理办法》的通知	财政部、教育部	财教〔2016〕277号	2016年9月22日
218	关于印发《国家社会科学基金项目资金管理办法》的通知	财政部、全国哲学社会科学规划领导小组	财教〔2016〕304号	2016年9月7日
219	关于印发《中央引导地方科技发展专项资金管理办法》的通知	财政部、科技部	财教〔2016〕81号	2016年5月16日
220	关于印发《中央级国家电影事业发展专项资金预算管理办法》的通知	财政部、新闻出版广电总局	财教〔2016〕4号	2016年2月25日
221	关于《中央补助地方博物馆纪念馆免费开放专项资金管理暂行办法》的补充通知	财政部	财文〔2016〕25号	2016年2月20日
222	关于印发《中央补助地方公共文化服务体系建设专项资金管理暂行办法》的通知	财政部	财教〔2015〕527号	2015年12月24日

续表

序号	文件名称	制定机关	文号	公布日期
223	关于印发《国家高端智库专项经费管理办法(试行)》的通知	财政部、全国哲学社会科学规划领导小组	财教〔2015〕470号	2015年11月21日
224	关于印发《国家艺术基金财务管理办法》的通知	财政部	财教〔2014〕184号	2014年7月22日
225	关于印发《大型体育场馆免费低收费开放补助资金管理办法》的通知	财政部、体育总局	财教〔2014〕54号	2014年5月16日
226	关于印发《生源地信用助学贷款风险补偿金管理办法》的通知	财政部、教育部	财教〔2014〕16号	2014年4月24日
227	关于印发《中央集中彩票公益金支持体育事业专项资金管理办法》的通知	财政部、体育总局	财教〔2013〕481号	2013年12月23日
228	关于印发《国家科技计划及专项资金后补助管理规定》的通知	财政部、科技部	财教〔2013〕433号	2013年11月18日
229	关于印发《出国留学经费管理办法》的通知	财政部、教育部	财教〔2013〕411号	2013年11月2日
230	关于印发《国家重点文物保护专项补助资金管理办法》的通知	财政部、国家文物局	财教〔2013〕116号	2013年6月9日
231	关于印发《中央补助地方美术馆 公共图书馆 文化馆(站)免费开放专项资金管理暂行办法》的通知	财政部、文化部	财教〔2013〕98号	2013年6月7日

续表

序号	文件名称	制定机关	文号	公布日期
232	关于印发《中央补助地方博物馆纪念馆免费开放专项资金管理暂行办法》的通知	财政部	财教〔2013〕97号	2013年6月3日
233	关于印发《文物事业单位财务制度》的通知	财政部、国家文物局	财教〔2012〕506号	2012年12月31日
234	关于印发《体育事业单位财务制度》的通知	财政部、体育总局	财教〔2012〕505号	2012年12月28日
235	关于印发《文化事业单位财务制度》的通知	财政部、文化部	财教〔2012〕503号	2012年12月28日
236	关于印发《科学事业单位财务制度》的通知	财政部、科技部	财教〔2012〕502号	2012年12月28日
237	关于印发《广播电视事业单位财务制度》的通知	财政部、广电总局	财教〔2012〕504号	2012年12月27日
238	关于印发《中小学校财务制度》的通知	财政部、教育部	财教〔2012〕489号	2012年12月21日
239	关于印发《高等学校财务制度》的通知	财政部、教育部	财教〔2012〕488号	2012年12月19日
240	关于印发《国家非物质文化遗产保护专项资金管理办法》的通知	财政部、文化部	财教〔2012〕45号	2012年5月4日
241	关于重新修订印发《文化产业发展专项资金管理暂行办法》的通知	财政部	财文资〔2012〕4号	2012年4月28日

续表

序号	文件名称	制定机关	文号	公布日期
242	关于印发《国家科技成果转化引导基金管理暂行办法》的通知	财政部、科技部	财教〔2011〕289号	2011年7月4日
243	关于印发《国家公派出国教师生活待遇管理规定》的通知	财政部、教育部	财教〔2011〕194号	2011年6月24日
244	关于中等职业学校农村家庭经济困难学生和涉农专业学生免学费工作的意见	财政部、国家发展改革委、教育部、人力资源社会保障部	财教〔2009〕442号	2009年12月14日
245	关于印发《旅游发展基金补助地方项目资金管理办法》的通知	财政部、国家旅游局	财行〔2009〕47号	2009年4月27日
246	关于印发《现代农业产业技术体系建设专项资金管理试行办法》的通知	财政部、农业部	财教〔2007〕410号	2007年12月20日
247	关于印发《中央级科学事业单位修缮购置专项资金管理办法》的通知	财政部	财教〔2006〕118号	2006年8月22日
248	电影、新闻出版企业财务制度	财政部	(92)财文字第885号	1992年12月31日

经济建设类

序号	文件名称	制定机关	文号	公布日期
249	关于印发《城市管网及污水处理补助资金管理办法》的通知	财政部	财建〔2019〕288号	2019年6月13日
250	关于《可再生能源发展专项资金管理暂行办法》的补充通知	财政部	财建〔2019〕298号	2019年6月11日

续表

序号	文件名称	制定机关	文号	公布日期
251	关于印发《车辆购置税收入补助地方资金管理暂行办法》的补充通知	财政部、交通运输部	财建〔2019〕272号	2019年5月24日
252	关于印发《服务业发展资金管理办法》的通知	财政部	财建〔2019〕50号	2019年3月15日
253	关于印发《电信普遍服务补助资金管理试点办法》的通知	财政部、工业和信息化部	财建〔2018〕638号	2018年12月12日
254	关于政府参与的污水、垃圾处理项目全面实施PPP模式的通知	财政部、住房城乡建设部、农业部、环保部	财建〔2017〕455号	2017年7月1日
255	关于印发《中小企业发展专项资金管理办法》的通知	财政部	财建〔2016〕841号	2016年12月30日
256	关于进一步明确车辆购置税收入补助地方资金补助标准及责任追究有关事项的通知	财政部、交通运输部	财建〔2016〕879号	2016年12月9日
257	关于印发《城市管网专项资金管理办法》的通知	财政部、住房城乡建设部	财建〔2016〕863号	2016年12月6日
258	关于印发《工业转型升级（中国制造2025）资金管理办法》的通知	财政部、工业和信息化部	财建〔2016〕844号	2016年12月1日
259	关于《车辆购置税收入补助地方资金管理暂行办法》的补充通知	财政部、交通运输部	财建〔2016〕722号	2016年9月24日

续表

序号	文件名称	制定机关	文号	公布日期
260	关于印发《工业转型升级（中国制造2025）资金管理办法》的通知	财政部、工业和信息化部	财建〔2016〕320号	2016年6月6日
261	关于印发《工业企业结构调整专项奖补资金管理办法》的通知	财政部	财建〔2016〕253号	2016年5月10日
262	关于印发《城市管网专项资金绩效评价暂行办法》的通知	财政部、住房城乡建设部	财建〔2016〕52号	2016年3月24日
263	关于印发《城市管网专项资金管理暂行办法》的通知	财政部、住房城乡建设部	财建〔2015〕201号	2015年6月1日
264	关于印发《中央财政服务业发展专项资金管理办法》的通知	财政部	财建〔2015〕256号	2015年5月31日
265	关于印发《中小企业发展专项资金管理暂行办法》的通知	财政部	财建〔2015〕458号	2015年5月17日
266	关于印发《节能减排补助资金管理暂行办法》的通知	财政部	财建〔2015〕161号	2015年5月12日
267	关于在收费公路领域推广运用政府和社会资本合作模式的实施意见	财政部、交通运输部	财建〔2015〕111号	2015年4月20日
268	关于页岩气开发利用财政补贴政策的通知	财政部、国家能源局	财建〔2015〕112号	2015年4月17日
269	关于印发《可再生能源发展专项资金管理暂行办法》的通知	财政部	财建〔2015〕87号	2015年4月2日

续表

序号	文件名称	制定机关	文号	公布日期
270	关于大豆目标价格补贴指导意见	财政部	财建〔2014〕695号	2014年11月18日
271	关于印发《车辆购置税收入补助地方资金管理暂行办法》的通知	财政部、交通运输部、商务部	财建〔2014〕654号	2014年11月6日
272	关于印发《民族贸易企业网点建设和民族特需商品定点生产企业技术改造专项资金管理办法》的通知	财政部、国家民委	财建〔2014〕234号	2014年6月26日
273	关于调整定点企业生物燃料乙醇财政政策的通知	财政部	财建〔2014〕91号	2014年5月5日
274	关于印发《外经贸发展专项资金管理办法》的通知	财政部、商务部	财企〔2014〕36号	2014年4月15日
275	关于印发《中小企业发展专项资金管理暂行办法》的通知	财政部、工业和信息化部、科技部、商务部	财企〔2014〕38号	2014年4月11日
276	关于印发《内河船型标准化补贴资金管理办法》的通知	财政部、交通运输部	财建〔2014〕61号	2014年4月9日
277	关于印发《老旧运输船舶和单壳油轮报废更新中央财政补助专项资金管理办法》的通知	财政部、交通运输部、国家发展改革委、工业和信息化部	财建〔2014〕24号	2014年2月24日
278	关于扩大农村水电增效扩容改造实施范围的通知	财政部、水利部	财建〔2013〕194号	2013年5月14日

续表

序号	文件名称	制定机关	文号	公布日期
279	关于出台页岩气开发利用补贴政策的通知	财政部、国家能源局	财建〔2012〕847号	2012年11月1日
280	关于印发《民航节能减排专项资金管理暂行办法》的通知	财政部、民航局	财建〔2012〕547号	2012年8月5日
281	关于印发《工业转型升级资金管理暂行办法》的通知	财政部、工业和信息化部	财建〔2012〕567号	2012年8月3日
282	关于印发《可再生能源电价附加补助资金管理暂行办法》的通知	财政部、国家发展改革委、国家能源局	财建〔2012〕102号	2012年3月14日
283	关于印发《无线电频率占用费使用管理办法》的通知	财政部、工业和信息化部	财建〔2012〕158号	2012年4月16日
284	关于印发《农村水电增效扩容改造财政补助资金管理暂行办法》的通知	财政部、水利部	财建〔2011〕504号	2011年7月14日
285	关于印发《城乡道路客运成品油价格补助专项资金管理暂行办法》和《岛际和农村水路客运成品油价格补助专项资金管理暂行办法》的通知	财政部、交通运输部	财建〔2009〕1008号	2009年12月31日

续表

序号	文件名称	制定机关	文号	公布日期
286	关于鼓励政府和企业发包促进我国服务外包产业发展的指导意见	财政部、国家发展改革委、科技部、工业和信息化部、商务部、国务院国资委、中国银监会、中国证监会、中国保监会	财企〔2009〕200号	2009年9月23日
287	关于外商投资企业场地使用费征收问题的意见	财政部	财企〔2008〕166号	2008年8月21日
288	关于煤层气（瓦斯）开发利用补贴的实施意见	财政部	财建〔2007〕114号	2007年4月20日
289	关于民航 邮政国有资产管理有关问题的通知	财政部	财建〔2005〕63号	2005年2月21日
290	关于切实加强政府投资项目代建制财政财务管理有关问题的指导意见	财政部	财建〔2004〕300号	2004年9月16日
291	关于印发《实行对种粮农民直接补贴调整粮食风险基金使用范围的实施意见》的通知	财政部	财建〔2004〕75号	2004年3月24日
292	关于印发《基本建设财务管理规定》的通知	财政部	财建〔2002〕394号	2002年9月27日
293	关于印发《粮食风险基金监督管理暂行办法》的通知	财政部、国家计委、粮食局、中国农业发展银行	财建〔2001〕691号	2001年11月3日

续表

序号	文件名称	制定机关	文号	公布日期
294	关于印发《车辆购置税交通专项资金管理暂行办法》的通知	财政部、交通部	财建〔2000〕994号	2000年12月27日
295	关于加强和改进外商投资企业提缴使用涉及中方职工权益资金管理的通知	财政部	财外字〔1999〕735号	1999年12月28日
296	关于印发《国家医药储备资金财务管理办法》的通知	财政部	财工字〔1997〕448号	1997年11月13日
297	关于印发《境外投资财务管理暂行办法》的通知	财政部	财外字〔1996〕215号	1996年6月6日
298	关于加强外商投资企业场地使用费征收管理的通知	财政部、国家土地管理局	财工字〔1995〕53号	1995年3月13日
299	关于改革境外企业工资制度的通知	财政部、劳动部、外经贸部	财外字〔1995〕18号	1995年2月9日

社会保障类

序号	文件名称	制定机关	文号	公布日期
300	关于印发《中央财政农村危房改造补助资金管理暂行办法》的通知	财政部、住房城乡建设部	财社〔2022〕42号	2022年4月8日
301	关于修改《中央财政困难群众救助补助资金管理办法》的通知	财政部、民政部	财社〔2022〕38号	2022年4月8日
302	关于印发基本公共卫生服务等5项补助资金管理办法的通知	财政部、国家卫生健康委、国家医保局、国家中医药局	财社〔2019〕113号	2019年7月26日

续表

序号	文件名称	制定机关	文号	公布日期
303	关于印发《中央集中彩票公益金支持社会福利事业资金使用管理办法》的通知	财政部、民政部	财社〔2017〕237号	2017年11月22日
304	关于印发《中央财政困难群众救助补助资金管理办法》的通知	财政部、民政部	财社〔2017〕58号	2017年6月12日
305	关于印发《中央财政农村危房改造补助资金管理办法》的通知	财政部、住房城乡建设部	财社〔2016〕216号	2016年12月9日
306	关于印发《中央财政企业职工基本养老保险补助资金管理办法》的通知	财政部、人力资源社会保障部	财社〔2015〕222号	2015年9月23日
307	关于印发《优抚事业单位专项补助资金使用管理办法》的通知	财政部、民政部	财社〔2014〕202号	2014年11月25日
308	关于加强中央财政拨付部分困难企业职工基本养老保险专项补助资金使用管理问题的通知	财政部	财社字〔2000〕41号	2000年5月19日
309	关于进一步做好国有重点煤炭企业基本养老保险统筹工作的通知	财政部、劳动和社会保障部	财社字〔1999〕179号	1999年11月17日
310	关于印发《社会福利基金使用管理暂行办法》的通知	财政部、民政部	财社字〔1998〕124号	1998年10月5日

资源环境类

序号	文件名称	制定机关	文号	公布日期
311	关于调整林业草原转移支付资金管理办法有关事项的通知	财政部、国家林草局	财资环〔2022〕26号	2022年4月2日
312	关于印发《林业草原生态保护恢复资金管理办法》的通知	财政部、国家林草局	财资环〔2021〕76号	2021年7月30日
313	关于印发《林业改革发展资金管理办法》的通知	财政部、国家林草局	财资环〔2021〕39号	2021年6月4日
314	关于印发《土壤污染防治资金管理办法》的通知	财政部	财资环〔2021〕42号	2021年6月2日
315	关于印发《林业改革发展资金管理办法》的通知	财政部、国家林草局	财资环〔2020〕36号	2020年6月2日
316	关于印发《林业草原生态保护恢复资金管理办法》的通知	财政部、国家林草局	财资环〔2020〕22号	2020年4月24日
317	关于印发《土壤污染防治专项资金管理办法》的通知	财政部	财资环〔2020〕10号	2020年3月23日
318	关于加强生态环保资金管理 推动建立项目储备制度的通知	财政部、自然资源部、生态环境部、国家林草局	财资环〔2020〕7号	2020年3月6日
319	关于印发《土壤污染防治基金管理办法》的通知	财政部、生态环境部、农业农村部、自然资源部、住房城乡建设部、国家林草局	财资环〔2020〕2号	2020年1月17日

续表

序号	文件名称	制定机关	文号	公布日期
320	关于《林业生态保护恢复资金管理办法》《林业改革发展资金管理办法》的补充通知	财政部、国家林草局	财农〔2019〕39号	2019年5月22日
321	关于印发《大气污染防治资金管理办法》的通知	财政部、生态环境部	财建〔2018〕578号	2018年10月26日
322	关于印发《林业生态保护恢复资金管理办法》的通知	财政部、国家林草局	财农〔2018〕66号	2018年6月25日
323	关于印发《林业改革发展资金预算绩效管理暂行办法》的通知	财政部、国家林业局	财农〔2016〕197号	2016年12月9日
324	关于印发《林业改革发展资金管理办法》的通知	财政部、国家林业局	财农〔2016〕196号	2016年12月9日
325	关于印发《森林防火项目资金管理办法》的通知	财政部、国家林业局	财农〔2007〕70号	2007年5月10日

农业农村类

序号	文件名称	制定机关	文号	公布日期
326	关于印发《农业生产和水利救灾资金管理办法》的通知	财政部、农业农村部、水利部	财农〔2022〕79号	2022年10月26日
327	关于修订农业相关转移支付资金管理办法的通知	财政部、农业农村部	财农〔2022〕25号	2022年4月1日
328	关于印发《农田建设补助资金管理办法》的通知	财政部、农业农村部	财农〔2022〕5号	2022年1月12日

175

续表

序号	文件名称	制定机关	文号	公布日期
329	关于印发《农村综合改革转移支付管理办法》的通知	财政部	财农〔2021〕36号	2021年4月29日
330	关于印发《渔业发展补助资金管理办法》的通知	财政部、农业农村部	财农〔2021〕24号	2021年3月30日
331	关于修订印发农业相关转移支付资金管理办法的通知	财政部、农业农村部	财农〔2020〕10号	2020年3月24日
332	关于印发《农业生产和水利救灾资金管理办法》的通知	财政部、农业农村部、水利部	财农〔2019〕117号	2019年11月7日
333	关于农业相关转移支付资金管理办法的补充通知	财政部、农业农村部	财农〔2019〕98号	2019年10月25日
334	关于调整《财政专项扶贫资金绩效评价指标评分表》的通知	财政部、国务院扶贫办	财农〔2019〕89号	2019年9月23日
335	关于印发《水利发展资金管理办法》的通知	财政部、水利部	财农〔2019〕54号	2019年6月23日
336	关于印发《农田建设补助资金管理办法》的通知	财政部、农业农村部	财农〔2019〕46号	2019年5月16日
337	关于《中央专项彩票公益金支持贫困革命老区脱贫攻坚资金管理办法》的补充通知	财政部、国务院扶贫办	财农〔2019〕20号	2019年4月4日
338	关于印发《农村综合改革转移支付管理办法》的通知	财政部	财农〔2019〕17号	2019年3月29日

续表

序号	文件名称	制定机关	文号	公布日期
339	关于印发《中央专项彩票公益金支持贫困革命老区脱贫攻坚资金管理办法》的通知	财政部、国务院扶贫办	财农〔2018〕21号	2018年5月4日
340	关于做好2018年贫困县涉农资金整合试点工作的通知	财政部、国务院扶贫办	财农〔2018〕9号	2018年3月22日
341	关于印发《大中型水库移民后期扶持基金项目资金管理办法》的通知	财政部	财农〔2017〕128号	2017年10月13日
342	关于印发《财政专项扶贫资金绩效评价办法》的通知	财政部、国务院扶贫办	财农〔2017〕115号	2017年9月8日
343	关于印发《动物防疫等补助经费管理办法》的通知	财政部、农业部	财农〔2017〕43号	2017年4月28日
344	关于修订《农业资源及生态保护补助资金管理办法》的通知	财政部、农业部	财农〔2017〕42号	2017年4月28日
345	关于印发《农业生产发展资金管理办法》的通知	财政部、农业部	财农〔2017〕41号	2017年4月28日
346	关于印发《中央财政专项扶贫资金管理办法》的通知	财政部、国务院扶贫办、国家发展改革委、国家民委、农业部、林业局	财农〔2017〕8号	2017年3月13日
347	关于做好2017年贫困县涉农资金整合试点工作的通知	财政部、国务院扶贫办	财农〔2017〕4号	2017年2月6日

续表

序号	文件名称	制定机关	文号	公布日期
348	关于修改《三峡后续工作专项资金使用管理办法》有关条文的通知	财政部、国务院三峡办	财农〔2016〕180号	2016年12月5日
349	关于进一步做好贫困县涉农资金整合工作有关事项的通知	财政部、国务院扶贫办	财农〔2016〕151号	2016年10月24日
350	关于农业综合开发积极支持贫困县统筹整合使用财政涉农资金试点工作的通知	财政部	财发〔2016〕4号	2016年6月7日
351	关于印发《三峡后续工作专项资金使用管理办法》的通知	财政部、国务院三峡办	财农〔2015〕229号	2015年12月17日
352	关于印发《国家农业综合开发省级管理工作综合考核办法》的通知	国家农业综合开发办公室	国农办〔2015〕76号	2015年11月23日
353	关于调整完善2016年部门项目管理政策的通知	国家农业综合开发办公室	国农办〔2015〕74号	2015年11月10日
354	关于印发《扶持村级集体经济发展试点的指导意见》的通知	财政部	财农〔2015〕197号	2015年10月12日
355	关于印发《农业综合开发推进农业适度规模经营的指导意见》的通知	财政部	财发〔2015〕12号	2015年6月2日
356	关于印发《中央财政草原生态保护补助奖励资金绩效评价办法》的通知	财政部、农业部	财农〔2012〕425号	2012年11月14日

续表

序号	文件名称	制定机关	文号	公布日期
357	关于印发《中小河流治理重点县综合整治项目和资金管理暂行办法》的通知	财政部、水利部	财建〔2012〕671号	2012年10月10日
358	关于印发《中小河流治理财政专项资金绩效评价暂行办法》的通知	财政部、水利部	财建〔2011〕361号	2011年5月30日
359	关于印发《全国中小河流治理项目和资金管理办法》的通知	财政部、水利部	财建〔2011〕156号	2011年4月17日
360	关于以涉农资金整合和统筹为抓手加快推进财政支农资金科学化精细化管理的意见	财政部	财农〔2011〕26号	2011年3月31日
361	关于推进涉农资金整合和统筹安排 加强涉农资金管理的意见	财政部	财农〔2010〕59号	2010年4月8日
362	关于深入推进支农资金整合工作的指导意见	财政部	财农〔2009〕439号	2009年12月9日
363	关于进一步加强财政支农资金绩效考评工作的意见	财政部	财农〔2009〕425号	2009年12月2日
364	关于印发《全国重点地区中小河流治理项目管理暂行办法》的通知	财政部、水利部	财建〔2009〕819号	2009年11月25日
365	关于进一步加强财政支农资金管理的意见	财政部	财农〔2008〕9号	2008年2月15日

179

续表

序号	文件名称	制定机关	文号	公布日期
366	关于印发《重点小型病险水库除险加固项目管理办法》的通知	财政部、水利部	财建〔2007〕1025号	2007年12月29日
367	关于印发《国有贫困农场财政扶贫资金管理暂行办法》的通知	财政部、农业部	财农〔2007〕347号	2007年12月5日
368	关于印发《"三西"农业建设专项补助资金使用管理办法(修订稿)》的通知	财政部、国务院扶贫办	财农〔2006〕356号	2006年12月30日
369	关于加强大中型水库移民后期扶持资金管理的通知	财政部	财企〔2006〕202号	2006年7月12日
370	关于进一步推进支农资金整合工作的指导意见	财政部	财农〔2006〕36号	2006年5月11日
371	关于印发《少数民族发展资金管理办法》的通知	财政部、国家民委	财农〔2006〕18号	2006年3月10日
372	关于印发《国有贫困林场扶贫资金管理办法》的通知	财政部、国家林业局	财农〔2005〕104号	2005年7月4日

资产管理类

序号	文件名称	制定机关	文号	公布日期
373	关于调整资产评估机构审批有关事项的补充通知	财政部	财资〔2015〕13号	2015年4月30日
374	关于印发《企业安全生产费用提取和使用管理办法》的通知	财政部、安全监管总局	财企〔2012〕16号	2012年2月14日

续表

序号	文件名称	制定机关	文号	公布日期
375	关于《中关村国家自主创新示范区企业股权和分红激励实施办法》的补充通知	财政部、科技部	财企〔2011〕1号	2011年1月10日
376	关于印发《中关村国家自主创新示范区企业股权和分红激励实施办法》的通知	财政部、科技部	财企〔2010〕8号	2010年2月1日
377	关于印发《中央级事业单位国有资产处置管理暂行办法》的通知	财政部	财教〔2008〕495号	2008年12月16日
378	关于印发《驻外机构国有资产管理暂行实施办法》的通知	财政部	财行〔2007〕559号	2007年12月20日
379	关于实施《关于国有高新技术企业开展股权激励试点工作的指导意见》有关问题的通知	财政部、科技部	财企〔2002〕508号	2002年11月18日

金融类

序号	文件名称	制定机关	文号	公布日期
380	关于进一步推动政府和社会资本合作（PPP）规范发展、阳光运行的通知	财政部	财金〔2022〕119号	2022年11月11日
381	关于印发《金融机构国有股权董事议案审议操作指引（2020年修订版）》的通知	财政部	财金〔2020〕110号	2020年11月17日

续表

序号	文件名称	制定机关	文号	公布日期
382	关于扩大中央财政对地方优势特色农产品保险以奖代补试点范围的通知	财政部	财金〔2020〕54号	2020年6月3日
383	关于印发《政府和社会资本合作（PPP）项目绩效管理操作指引》的通知	财政部	财金〔2020〕13号	2020年3月16日
384	关于扩大农业大灾保险试点范围的通知	财政部	财金〔2019〕90号	2019年9月19日
385	关于开展中央财政对地方优势特色农产品保险奖补试点的通知	财政部	财金〔2019〕55号	2019年6月14日
386	关于修订《中央财政农业保险保险费补贴管理办法》的通知	财政部	财金〔2019〕36号	2019年4月9日
387	关于推进政府和社会资本合作规范发展的实施意见	财政部	财金〔2019〕10号	2019年3月7日
388	关于印发《金融机构国有股权董事议案审议操作指引》的通知	财政部	财金〔2019〕6号	2019年1月23日
389	关于运用政府和社会资本合作模式支持养老服务业发展的实施意见	财政部、民政部、人力资源社会保障部	财金〔2017〕86号	2017年8月14日
390	关于规范开展政府和社会资本合作项目资产证券化有关事宜的通知	财政部、中国人民银行、中国证监会	财金〔2017〕55号	2017年6月7日

续表

序号	文件名称	制定机关	文号	公布日期
391	关于深入推进农业领域政府和社会资本合作的实施意见	财政部、农业部	财金〔2017〕50号	2017年5月31日
392	关于在粮食主产省开展农业大灾保险试点的通知	财政部	财金〔2017〕43号	2017年5月17日
393	关于印发《政府和社会资本合作(PPP)综合信息平台信息公开管理暂行办法》的通知	财政部	财金〔2017〕1号	2017年1月23日
394	关于印发《中央财政农业保险保险费补贴管理办法》的通知	财政部	财金〔2016〕123号	2016年12月19日
395	关于在公共服务领域深入推进政府和社会资本合作工作的通知	财政部	财金〔2016〕90号	2016年10月11日
396	关于印发《政府和社会资本合作项目财政管理暂行办法》的通知	财政部	财金〔2016〕92号	2016年9月24日
397	关于印发《普惠金融发展专项资金管理办法》的通知	财政部	财金〔2016〕85号	2016年9月24日
398	关于进一步共同做好政府和社会资本合作(PPP)有关工作的通知	财政部、国家发展改革委	财金〔2016〕32号	2016年5月28日
399	关于加大对产粮大县三大粮食作物农业保险支持力度的通知	财政部	财金〔2015〕184号	2015年12月15日

续表

序号	文件名称	制定机关	文号	公布日期
400	关于规范政府和社会资本合作合同管理工作的通知	财政部	财金〔2014〕156号	2014年12月30日
401	关于政府和社会资本合作示范项目实施有关问题的通知	财政部	财金〔2014〕112号	2014年11月30日
402	关于推广运用政府和社会资本合作模式有关问题的通知	财政部	财金〔2014〕76号	2014年9月23日
403	关于进一步扩大财政县域金融机构涉农贷款增量奖励试点范围的通知	财政部	财金〔2014〕4号	2014年1月21日
404	关于印发《国有金融企业年金管理办法》的通知	财政部	财金〔2012〕159号	2012年12月6日
405	关于进一步加大支持力度做好农业保险保费补贴工作的通知	财政部	财金〔2012〕2号	2012年1月20日
406	关于进一步做好农业保险保费补贴工作有关事项的通知	财政部	财金〔2010〕54号	2010年6月7日
407	关于从机动车交通事故责任强制保险保费收入中提取道路交通事故社会救助基金有关问题的通知	财政部、中国保监会	财金〔2010〕17号	2010年2月23日
408	关于印发《道路交通事故社会救助基金财务管理暂行规定》的通知	财政部	财金〔2009〕175号	2009年12月27日

国际财经合作类

序号	文件名称	制定机关	文号	公布日期
409	关于印发《统借自还主权外债预算管理办法》的通知	财政部	财金〔2010〕185号	2010年12月29日
410	关于印发《全球环境资金赠款项目管理办法》的通知	财政部	财际〔2007〕45号	2007年6月26日

会计及注册会计师管理类

序号	文件名称	制定机关	文号	公布日期
411	关于印发《〈政府会计准则第10号——政府和社会资本合作项目合同〉应用指南》的通知	财政部	财会〔2020〕19号	2020年12月17日
412	关于印发《政府会计准则第10号——政府和社会资本合作项目合同》的通知	财政部	财会〔2019〕23号	2019年12月17日
413	关于修订印发一般企业财务报表格式的通知	财政部	财会〔2017〕30号	2017年12月25日
414	关于进一步规范银行函证及回函工作的通知	财政部、中国银监会	财会〔2016〕13号	2016年7月12日
415	关于印发《证券公司财务报表格式和附注》的通知	财政部	财会〔2013〕26号	2013年12月27日
416	印发《关于小微企业免征增值税和营业税的会计处理规定》的通知	财政部	财会〔2013〕24号	2013年12月24日

续表

序号	文件名称	制定机关	文号	公布日期
417	关于印发利用基本医疗保险基金向商业保险机构购买城乡居民大病保险会计核算补充规定的通知	财政部	财会〔2013〕21号	2013年12月6日
418	关于证券资格会计师事务所转制为特殊普通合伙会计师事务所有关业务延续问题的通知	财政部、中国证监会、国务院国资委	财会〔2012〕17号	2012年9月14日
419	关于印发《营业税改征增值税试点有关企业会计处理规定》的通知	财政部	财会〔2012〕13号	2012年7月5日
420	关于印发《中国注册会计师行业信息化建设主要工作任务分解表》的通知	中国注册会计师协会	会协〔2012〕55号	2012年2月21日
421	关于调整证券资格会计师事务所申请条件的通知	财政部、中国证监会	财会〔2012〕2号	2012年1月21日
422	关于印发《中国注册会计师协会课题管理暂行办法》的通知	中国注册会计师协会	会协办〔2011〕29号	2011年12月20日
423	关于印发《中国注册会计师行业信息化建设总体方案》的通知	中国注册会计师协会	会协〔2011〕115号	2011年12月9日
424	关于印发《上市公司年报审计监管工作规程》的通知	中国注册会计师协会	会协〔2011〕52号	2011年8月31日
425	关于印发《中国注册会计师协会章程》的通知	中国注册会计师协会	会协〔2010〕102号	2010年12月8日

续表

序号	文件名称	制定机关	文号	公布日期
426	关于印发中国注册会计师协会专门（专业）委员会工作规则的通知	中国注册会计师协会	会协〔2010〕101号	2010年12月6日
427	关于印发《中国注册会计师非执业会员继续教育暂行办法》的通知	中国注册会计师协会	会协〔2010〕93号	2010年11月23日
428	关于印发《中国注册会计师协会关于进一步加强行业职业道德建设的意见》的通知	中国注册会计师协会	会协〔2010〕9号	2010年2月9日
429	关于印发《中国注册会计师协会关于加强会计师事务所业务质量控制制度建设的意见》的通知	中国注册会计师协会	会协〔2010〕8号	2010年2月9日
430	关于印发《中国注册会计师职业道德守则》和《中国注册会计师协会非执业会员职业道德守则》的通知	中国注册会计师协会	会协〔2009〕57号	2009年10月14日
431	关于简化跨地区执业的会计师事务所申领防伪标识手续的通知	中国注册会计师协会	会协〔2009〕8号	2009年1月20日
432	关于发布《注册会计师转所规定》的通知	中国注册会计协会	会协〔2008〕105号	2008年12月30日
433	关于印发《〈中国注册会计师继续教育制度〉补充规定》的通知	中国注册会计师协会	会协〔2008〕67号	2008年9月16日

187

续表

序号	文件名称	制定机关	文号	公布日期
434	关于印发《农民专业合作社财务会计制度(试行)》的通知	财政部	财会〔2007〕15号	2007年12月20日
435	关于印发《中国注册会计师胜任能力指南》的通知	中国注册会计师协会	会协〔2007〕66号	2007年10月11日
436	关于会计师事务所从事证券期货相关业务有关问题的通知	财政部、中国证监会	财会〔2007〕6号	2007年4月9日
437	关于发布《中国注册会计师继续教育制度》的通知	中国注册会计师协会	会协〔2006〕63号	2006年9月13日
438	关于印发《中国注册会计师协会关于加强行业人才培养工作的指导意见》的通知	中国注册会计师协会	会协〔2005〕38号	2005年6月8日
439	关于印发《中国注册会计师协会会费管理办法》的通知	中国注册会计师协会	会协〔2004〕96号	2004年12月15日
440	关于会计师事务所加强对上市公司年报中已审计会计报表和审计报告的审核的通知	中国注册会计师协会	会协〔2004〕17号	2004年3月3日
441	关于印发《关于企业收取的一次性入网费会计处理的规定》的通知	财政部	财会〔2003〕16号	2003年5月30日
442	关于印发《注册会计师注册资产评估师行业诚信建设纲要》的通知	中国注册会计师协会	会协〔2002〕295号	2002年11月26日

续表

序号	文件名称	制定机关	文号	公布日期
443	关于进一步加强外商投资企业验资工作及健全外资外汇登记制度的通知	财政部、国家外汇局	财会〔2002〕1017号	2002年3月13日
444	关于印发《车辆购置税会计处理规定》的通知	财政部	财会〔2000〕18号	2000年11月30日
445	关于做好企业的银行存款 借款及往来款项函证工作的通知	财政部、中国人民银行	财协字〔1999〕1号	1999年1月6日
446	关于印发《公路经营企业会计制度》的通知	财政部、交通部	财会字〔1998〕19号	1998年6月10日
447	农业企业会计制度	财政部	(92)财农字第344号	1992年12月31日

三、失效的财政规范性文件目录(257件)
综合类

序号	文件名称	制定机关	文号	公布日期
1	关于印发《中央专项彩票公益金支持地方社会公益事业发展资金管理办法》的通知	财政部	财综〔2019〕21号	2019年6月27日
2	关于印发《跨省域补充耕地资金收支管理办法》和《城乡建设用地增减挂钩节余指标跨省域调剂资金收支管理办法》的通知	财政部	财综〔2018〕40号	2018年7月13日
3	关于印发《中央专项彩票公益金支持精神病人福利机构项目管理办法》的通知	财政部、民政部	财综〔2014〕44号	2014年6月18日

189

续表

序号	文件名称	制定机关	文号	公布日期
4	关于印发《中央专项彩票公益金支持农村幸福院项目管理办法》的通知	财政部、民政部	财综〔2013〕56号	2013年4月28日
5	关于印发《中央专项彩票公益金支持示范性综合实践基地项目管理办法》的通知	财政部、教育部	财综〔2011〕45号	2011年6月22日
6	关于印发《中央专项彩票公益金支持未成年人校外活动保障和能力提升项目资金管理办法》的通知	财政部	财综〔2011〕43号	2011年6月14日
7	关于地震灾区灾后重建用地免征新增建设用地土地有偿使用费等事宜的通知	财政部、国土资源部	财综〔2008〕53号	2008年7月16日
8	关于发布住宅专项维修资金专用票据式样的通知	财政部	财综〔2008〕2号	2008年1月14日
9	关于归并和统一印制海事行政事业性收费专用收据的复函	财政部	财综〔2004〕45号	2004年6月25日
10	关于非当场处罚情况下当场收缴罚款使用票据的函	财政部	财预〔2001〕243号	2001年4月3日
11	关于做好罚款票据领用工作的通知	财政部	财预〔2000〕143号	2000年8月24日
12	关于印发《当场处罚罚款票据管理暂行规定》的通知	财政部	财预〔2000〕4号	2000年7月4日

续表

序号	文件名称	制定机关	文号	公布日期
13	关于矿产资源补偿费收费票据及有关问题的通知	财政部、地质矿产部	（94）财综字第113号	1994年8月17日

税收及非税收入类

序号	文件名称	制定机关	文号	公布日期
14	关于缓缴涉及企业、个体工商户部分行政事业性收费的公告	财政部、国家发展改革委	公告2022年第29号	2022年9月28日
15	关于快递收派服务免征增值税的公告	财政部、税务总局	公告2022年第18号	2022年4月29日
16	关于对增值税小规模纳税人免征增值税的公告	财政部、税务总局	公告2022年第15号	2022年3月24日
17	关于促进服务业领域困难行业纾困发展有关增值税政策的公告	财政部、税务总局	公告2022年第11号	2022年3月3日
18	关于实施小微企业和个体工商户所得税优惠政策的公告	财政部、税务总局	公告2021年第12号	2021年4月2日
19	关于明确增值税小规模纳税人免征增值税政策的公告	财政部、税务总局	公告2021年第11号	2021年3月31日
20	关于延续实施应对疫情部分税费优惠政策的公告	财政部、税务总局	公告2021年第7号	2021年3月17日
21	关于延长港口建设费和船舶油污损害赔偿基金减免政策执行期限的公告	财政部、交通运输部	公告2020年第30号	2020年6月4日

续表

序号	文件名称	制定机关	文号	公布日期
22	关于暂免征收国家电影事业发展专项资金政策的公告	财政部、国家电影局	公告2020年第26号	2020年5月13日
23	关于延长小规模纳税人减免增值税政策执行期限的公告	财政部、税务总局	公告2020年第24号	2020年4月30日
24	关于继续实施物流企业大宗商品仓储设施用地城镇土地使用税优惠政策的公告	财政部、税务总局	公告2020年第16号	2020年3月13日
25	关于减免港口建设费和船舶油污损害赔偿基金的公告	财政部、交通运输部	公告2020年第14号	2020年3月13日
26	关于支持个体工商户复工复业增值税政策的公告	财政部、税务总局	公告2020年第13号	2020年2月28日
27	关于新型冠状病毒感染的肺炎疫情防控期间免征部分行政事业性收费和政府性基金的公告	财政部、国家发展改革委	公告2020年第11号	2020年2月6日
28	关于继续执行沪港、深港股票市场交易互联互通机制和内地与香港基金互认有关个人所得税政策的公告	财政部、税务总局、中国证监会	公告2019年第93号	2019年12月4日
29	关于部分国家储备商品有关税收政策的公告	财政部、税务总局	公告2019年第77号	2019年6月28日
30	关于实施小微企业普惠性税收减免政策的通知	财政部、税务总局	财税〔2019〕13号	2019年1月17日

续表

序号	文件名称	制定机关	文号	公布日期
31	关于继续执行内地与香港基金互认有关个人所得税政策的通知	财政部、税务总局、中国证监会	财税〔2018〕154号	2018年12月17日
32	关于进一步落实重点群体创业就业税收政策的通知	财政部、税务总局、人力资源社会保障部	财税〔2018〕136号	2018年11月23日
33	关于延长对废矿物油再生油品免征消费税政策实施期限的通知	财政部、税务总局	财税〔2018〕144号	2018年12月7日
34	关于境外机构投资境内债券市场企业所得税 增值税政策的通知	财政部、税务总局	财税〔2018〕108号	2018年11月7日
35	关于去产能和调结构房产税 城镇土地使用税政策的通知	财政部、税务总局	财税〔2018〕107号	2018年9月30日
36	关于物流企业承租用于大宗商品仓储设施的土地城镇土地使用税优惠政策的通知	财政部、税务总局	财税〔2018〕62号	2018年6月1日
37	关于继续实施企业改制重组有关土地增值税政策的通知	财政部、税务总局	财税〔2018〕57号	2018年5月16日
38	关于继续支持企业事业单位改制重组有关契税政策的通知	财政部、税务总局	财税〔2018〕17号	2018年3月2日
39	关于继续执行沪港股票市场交易互联互通机制有关个人所得税政策的通知	财政部、税务总局、中国证监会	财税〔2017〕78号	2017年11月1日

续表

序号	文件名称	制定机关	文号	公布日期
40	关于继续实施支持和促进重点群体创业就业有关税收政策的通知	财政部、税务总局、人力资源社会保障部	财税〔2017〕49号	2017年6月12日
41	关于继续实施物流企业大宗商品仓储设施用地城镇土地使用税优惠政策的通知	财政部、税务总局	财税〔2017〕33号	2017年4月26日
42	关于大型客机和大型客机发动机整机设计制造企业房产税 城镇土地使用税政策的通知	财政部、税务总局	财税〔2016〕133号	2016年11月28日
43	关于生产和装配伤残人员专门用品企业免征企业所得税的通知	财政部、税务总局、民政部	财税〔2016〕111号	2016年10月24日
44	关于国家大学科技园税收政策的通知	财政部、税务总局	财税〔2016〕98号	2016年9月5日
45	关于继续执行光伏发电增值税政策的通知	财政部、税务总局	财税〔2016〕81号	2016年7月25日
46	关于部分国家储备商品有关税收政策的通知	财政部、税务总局	财税〔2016〕28号	2016年3月11日
47	关于城市公交站场 道路客运站场 城市轨道交通系统城镇土地使用税优惠政策的通知	财政部、税务总局	财税〔2016〕16号	2016年2月4日
48	关于公共租赁住房税收优惠政策的通知	财政部、税务总局	财税〔2015〕139号	2015年12月30日

续表

序号	文件名称	制定机关	文号	公布日期
49	关于中国华融资产管理股份有限公司改制过程中有关印花税政策的通知	财政部、税务总局	财税〔2015〕109号	2015年10月16日
50	关于继续执行小微企业增值税和营业税政策的通知	财政部、税务总局	财税〔2015〕96号	2015年8月27日
51	关于扩大企业吸纳就业税收优惠适用人员范围的通知	财政部、税务总局、人力资源社会保障部	财税〔2015〕77号	2015年7月10日
52	关于组建中国铁路总公司有关印花税政策的通知	财政部、税务总局	财税〔2015〕57号	2015年5月25日
53	关于支持和促进重点群体创业就业税收政策有关问题的补充通知	财政部、税务总局、人力资源社会保障部、教育部	财税〔2015〕18号	2015年1月27日
54	关于支持鲁甸地震灾后恢复重建有关税收政策问题的通知	财政部、海关总署、税务总局	财税〔2015〕27号	2015年1月26日
55	关于继续实施支持文化企业发展若干税收政策的通知	财政部、海关总署、税务总局	财税〔2014〕85号	2014年11月27日
56	关于继续实施文化体制改革中经营性文化事业单位转制为企业若干税收政策的通知	财政部、税务总局、中央宣传部	财税〔2014〕84号	2014年11月27日
57	关于免收货物原产地证书费有关问题的通知	财政部、国家发展改革委	财综〔2014〕24号	2014年5月6日
58	关于飞机租赁企业有关印花税政策的通知	财政部、税务总局	财税〔2014〕18号	2014年3月3日

续表

序号	文件名称	制定机关	文号	公布日期
59	关于大型水电企业增值税政策的通知	财政部、税务总局	财税〔2014〕10号	2014年2月12日
60	关于2014年继续免收出口商品检验检疫费的通知	财政部、国家发展改革委	财综〔2014〕6号	2014年1月27日
61	关于对废矿物油再生油品免征消费税的通知	财政部、税务总局	财税〔2013〕105号	2013年12月12日
62	关于光伏发电增值税政策的通知	财政部、税务总局	财税〔2013〕66号	2013年9月23日
63	关于免收出口商品检验检疫费等有关问题的通知	财政部、国家发展改革委	财综〔2013〕85号	2013年8月15日
64	关于第二届夏季青年奥林匹克运动会等三项国际综合运动会税收政策的通知	财政部、海关总署、税务总局	财税〔2013〕11号	2013年1月22日
65	关于继续免征国产抗艾滋病病毒药品增值税的通知	财政部、税务总局	财税〔2011〕128号	2011年12月14日
66	关于继续执行边销茶增值税政策的通知	财政部、税务总局	财税〔2011〕89号	2011年12月7日
67	关于天然林保护工程（二期）实施企业和单位房产税 城镇土地使用税政策的通知	财政部、税务总局	财税〔2011〕90号	2011年9月26日
68	关于全国社会保障基金理事会回拨已转持国有股有关证券（股票）交易印花税问题的通知	财政部、税务总局	财税〔2011〕65号	2011年8月23日

续表

序号	文件名称	制定机关	文号	公布日期
69	关于减免出口农产品出入境检验检疫费等有关问题的通知	财政部、国家发展改革委	财综〔2011〕42号	2011年5月26日
70	关于中国国际贸易促进委员会和地方贸促机构行政事业性收费征收管理有关问题的通知	财政部	财综〔2011〕17号	2011年4月11日
71	关于中国信达资产管理股份有限公司改制过程中有关契税和印花税问题的通知	财政部、税务总局	财税〔2011〕2号	2011年1月24日
72	关于明确中国邮政集团公司邮政速递物流业务重组改制过程中有关契税和印花税政策的通知	财政部、税务总局	财税〔2010〕92号	2010年10月25日
73	关于减免出口农产品和纺织服装产品出入境检验检疫费的通知	财政部、国家发展改革委	财综〔2010〕22号	2010年4月13日
74	关于加强南水北调工程基金征缴工作的通知	财政部、国家发展改革委、审计署、国务院南水北调办	财综〔2010〕21号	2010年4月1日
75	关于北京德国文化中心·歌德学院（中国）在华房产有关契税和印花税问题的通知	财政部、税务总局	财税〔2009〕159号	2009年12月29日
76	关于印发《育林基金征收使用管理办法》的通知	财政部、国家林业局	财综〔2009〕32号	2009年5月25日

续表

序号	文件名称	制定机关	文号	公布日期
77	关于减免出口农产品和纺织服装产品出入境检验检疫费的通知	财政部、国家发展改革委、国家质检总局	财综〔2009〕25号	2009年4月24日
78	关于调整南水北调工程基金分年度上缴额度及有关问题的通知	财政部、国家发展改革委、国务院南水北调办、审计署	财综〔2009〕21号	2009年3月23日
79	关于对欧洲鳗鲡及其产品免征水生野生动物资源保护费和野生动植物进出口管理费的通知	财政部、国家发展改革委	财综〔2009〕18号	2009年3月2日
80	关于上海世博会境外参展国工作人员个人所得税问题的通知	财政部、税务总局	财税〔2008〕85号	2008年9月10日
81	关于对汶川地震受灾严重地区减免部分行政事业性收费等问题的通知	财政部、国家发展改革委	财综〔2008〕50号	2008年7月15日
82	关于提供政府公开信息收取费用等有关问题的通知	财政部、国家发展改革委	财综〔2008〕44号	2008年6月11日
83	关于对美国驻华使馆购买馆员住宅免征印花税的通知	财政部、税务总局	财税〔2006〕101号	2006年8月18日
84	关于同意免收"三农"和少数民族文字出版物条形码胶片费的复函	财政部、国家发展改革委	财综〔2006〕23号	2006年7月3日
85	关于同意设立投资建设项目管理师职业水平考试收费项目等有关问题的通知	财政部、国家发展改革委	财综〔2006〕22号	2006年6月23日

续表

序号	文件名称	制定机关	文号	公布日期
86	关于中国石油化工集团公司受让部分国有股权有关证券(股票)交易印花税政策的通知	财政部、税务总局	财税〔2006〕31号	2006年3月24日
87	关于免征中央汇金投资有限责任公司资金账簿印花税的通知	财政部、税务总局	财税〔2005〕16号	2005年2月16日
88	关于明确三峡发电资产有关印花税问题的通知	财政部、税务总局	财税〔2004〕183号	2004年11月29日
89	关于继续免征三峡工程建设基金的城市维护建设税教育费附加的通知	财政部、税务总局	财税〔2004〕79号	2004年5月28日
90	关于中国对外贸易运输(集团)总公司有关印花税政策的通知	财政部、税务总局	财税〔2003〕7号	2003年1月23日
91	关于免征中国华润总公司有关新增实收资本资本公积印花税的通知	财政部、税务总局	财税〔2001〕155号	2001年9月4日
92	关于本溪金岛生态农业发展有限公司承受农村集体土地使用权征收契税的批复	财政部、税务总局	财税字〔2000〕26号	2000年2月28日
93	关于民办非企业单位登记收费有关问题的复函	财政部、国家计委	财综字〔1999〕119号	1999年8月9日
94	关于批准收取植物新品种保护权申请费、审查费、年费有关问题的通知	财政部、国家计委	财综字〔1998〕160号	1998年11月28日

续表

序号	文件名称	制定机关	文号	公布日期
95	关于对方缔约国居民个人在华停留天数计算问题的批复	财政部、海洋石油税务局	(87)财税油政字第26号	1987年12月10日
96	关于对司法部所属的劳改劳教单位征免房产税问题的补充通知	财政部	(87)财税地字第29号	1987年12月1日
97	关于对司法部所属的劳改劳教单位征免房产税问题的通知	财政部	(87)财税地字第21号	1987年9月19日

关税类

序号	文件名称	制定机关	文号	公布日期
98	关于对美加征关税商品第九次排除延期清单的公告	国务院关税税则委员会	税委会公告2022年第10号	2022年11月25日
99	关于对美加征关税商品第八次排除延期清单的公告	国务院关税税则委员会	税委会公告2022年第7号	2022年6月28日
100	关于对美加征关税商品第七次排除延期清单的公告	国务院关税税则委员会	税委会公告2022年第4号	2022年4月14日
101	关于2022年暂免征收加工贸易企业内销税款缓税利息的公告	财政部	公告2021年第38号	2021年12月28日
102	关于对美加征关税商品第六次排除延期清单的公告	国务院关税税则委员会	税委会公告2021年第9号	2021年12月24日
103	关于对美加征关税商品第五次排除延期清单的公告	国务院关税税则委员会	税委会公告2021年第7号	2021年9月16日

续表

序号	文件名称	制定机关	文号	公布日期
104	关于对美加征关税商品第四次排除延期清单的公告	国务院关税税则委员会	税委会公告2021年第5号	2021年5月16日
105	关于因新冠肺炎疫情不可抗力出口退运货物税收规定的公告	财政部、海关总署、税务总局	公告2020年第41号	2020年11月2日
106	关于2020年中国国际服务贸易交易会展期内销售的进口展品税收优惠政策的通知	财政部、海关总署、税务总局	财关税〔2020〕36号	2020年9月4日
107	关于适当延长《进口不予免税的重大技术装备和产品目录(2018年修订)》适用时间的通知	财政部、工业和信息化部、海关总署、税务总局、国家能源局	财关税〔2020〕28号	2020年6月16日
108	关于暂免征收加工贸易企业内销税款缓税利息的通知	财政部	财关税〔2020〕13号	2020年4月10日
109	关于取消陆上特定地区石油(天然气)开采项目免税进口额度管理的通知	财政部、海关总署、税务总局	财关税〔2020〕6号	2020年3月9日
110	关于取消海洋石油(天然气)开采项目免税进口额度管理的通知	财政部、海关总署、税务总局	财关税〔2020〕5号	2020年3月9日
111	关于防控新型冠状病毒感染的肺炎疫情进口物资免税政策的公告	财政部、海关总署、税务总局	公告2020年第6号	2020年2月1日
112	关于取消"十三五"进口种子种源税收政策免税额度管理的通知	财政部、海关总署、税务总局	财关税〔2020〕4号	2020年1月23日

续表

序号	文件名称	制定机关	文号	公布日期
113	关于取消新型显示器件进口税收政策免税额度管理的通知	财政部、海关总署、税务总局	财关税〔2019〕50号	2019年12月17日
114	关于第二届中国国际进口博览会展期内销售的进口展品税收优惠政策的通知	财政部、海关总署、税务总局	财关税〔2019〕36号	2019年11月4日
115	关于2019年度种子种源免税进口计划的通知	财政部、海关总署、税务总局	财关税〔2019〕7号	2019年2月11日
116	关于首届中国国际进口博览会展期内销售的进口展品税收优惠政策的通知	财政部	财关税〔2018〕43号	2018年10月31日
117	关于第二批享受进口税收优惠政策的中资"方便旗"船舶清单的通知	财政部、海关总署、税务总局	财关税〔2017〕21号	2017年8月1日
118	关于2017年种子种源免税进口计划的通知	财政部、海关总署、税务总局	财关税〔2017〕19号	2017年7月21日
119	关于支持科技创新进口税收政策管理办法的通知	财政部、教育部、国家发展改革委、科技部、工业和信息化部、民政部、商务部、海关总署、税务总局、国家新闻出版广电总局	财关税〔2016〕71号	2017年1月14日
120	关于"十三五"期间在我国海洋开采石油（天然气）进口物资免征进口税收的通知	财政部、海关总署、税务总局	财关税〔2016〕69号	2016年12月29日

续表

序号	文件名称	制定机关	文号	公布日期
121	关于"十三五"期间在我国陆上特定地区开采石油(天然气)进口物资税收政策的通知	财政部、海关总署、税务总局	财关税〔2016〕68号	2016年12月29日
122	关于公布进口科学研究、科技开发和教学用品免税清单的通知	财政部、海关总署、税务总局	财关税〔2016〕72号	2016年12月27日
123	关于"十三五"期间支持科技创新进口税收政策的通知	财政部、海关总署、税务总局	财关税〔2016〕70号	2016年12月27日
124	关于扶持新型显示器件产业发展有关进口税收政策的通知	财政部、海关总署、税务总局	财关税〔2016〕62号	2016年12月5日
125	关于"十三五"期间煤层气勘探开发项目进口物资免征进口税收的通知	财政部、海关总署、税务总局	财关税〔2016〕45号	2016年9月28日
126	关于动漫企业进口动漫开发生产用品税收政策的通知	财政部、海关总署、税务总局	财关税〔2016〕36号	2016年8月1日
127	关于"十三五"期间进口种子种源税收政策的通知	财政部、税务总局	财关税〔2016〕26号	2016年4月29日
128	关于鼓励科普事业发展进口税收政策的通知	财政部、海关总署、税务总局	财关税〔2016〕6号	2016年2月4日
129	关于给予尼日尔共和国97%税目产品实施最不发达国家零关税的通知	国务院关税税则委员会	税委会〔2015〕24号	2015年12月3日

203

续表

序号	文件名称	制定机关	文号	公布日期
130	关于对2011-2020年期间进口天然气及2010年底前"中亚气"项目进口天然气按比例返还进口环节增值税有关问题的通知	财政部、海关总署、税务总局	财关税〔2011〕39号	2011年8月1日

预算类

序号	文件名称	制定机关	文号	公布日期
131	关于盘活中央部门存量资金的通知	财政部	财预〔2015〕23号	2015年2月27日

国库类

序号	文件名称	制定机关	文号	公布日期
132	关于疫情防控期间开展政府采购活动有关事项的通知	财政部	财办库〔2020〕29号	2020年2月6日
133	关于疫情防控采购便利化的通知	财政部	财办库〔2020〕23号	2020年1月26日
134	关于印发《2018-2020年储蓄国债发行额度管理办法》的通知	财政部、中国人民银行	财库〔2018〕24号	2018年2月22日
135	关于印发《地方预算执行动态监控工作督导考核办法》的通知	财政部	财库〔2017〕161号	2017年9月20日
136	关于确认2015年各期凭证式国债计息额度的通知	财政部	财库〔2015〕244号	2015年12月24日
137	关于确认2014年各期凭证式国债发行数额的通知	财政部	财库〔2014〕209号	2014年12月26日

续表

序号	文件名称	制定机关	文号	公布日期
138	关于印发《财政部代理发行2014年地方政府债券发行兑付办法》的通知	财政部	财库〔2014〕41号	2014年4月25日
139	关于印发《2013年地方政府自行发债试点办法》的通知	财政部	财库〔2013〕77号	2013年6月25日
140	关于印发《2012年地方政府自行发债试点办法》的通知	财政部	财库〔2012〕47号	2012年5月8日
141	关于印发《财政部代理发行2012年地方政府债券发行兑付办法》的通知	财政部	财库〔2012〕46号	2012年5月8日
142	关于明确各地财政部门国债管理工作职能的通知	财政部	财国债字〔1997〕5号	1997年1月24日
143	关于制发《中央预算收入对账办法》的通知	财政部	（93）财预字第145号	1993年11月30日

行政政法类

序号	文件名称	制定机关	文号	公布日期
144	关于贯彻落实《行政单位财务规则》的通知	财政部	财办行〔2012〕86号	2012年12月13日
145	关于调整统一着装部门2011年服装采购价格的通知	财政部	财行〔2011〕201号	2011年6月17日

续表

序号	文件名称	制定机关	文号	公布日期
146	关于政法院校招录培养体制改革试点班学生生活补助费有关问题的通知	财政部	财行〔2008〕459号	2008年11月18日

科教文类

序号	文件名称	制定机关	文号	公布日期
147	关于《中央集中彩票公益金支持体育事业专项资金管理办法》的补充通知	财政部、体育总局	财文〔2016〕42号	2016年11月30日
148	关于《大型体育场馆免费低收费开放补助资金管理办法》的补充通知	财政部、体育总局	财文〔2016〕41号	2016年11月30日
149	关于报送2015年度中央文化企业发展情况有关材料的通知	财政部	财文资函〔2016〕5号	2016年5月13日
150	关于执行《科学事业单位财务制度》有关问题的通知	财政部、科技部	财教〔2014〕10号	2014年3月18日
151	关于印发《科技惠民计划专项经费管理办法》的通知	财政部、科技部	财教〔2012〕429号	2012年11月30日
152	关于切实加强义务教育经费管理的紧急通知	财政部、教育部	财教〔2012〕425号	2012年11月20日
153	关于实施农村义务教育薄弱学校改造计划的通知	财政部、教育部	财教〔2011〕590号	2011年11月30日

续表

序号	文件名称	制定机关	文号	公布日期
154	关于加大财政投入支持学前教育发展的通知	财政部、教育部	财教〔2011〕405号	2011年9月5日
155	关于进一步加强中央文化部门预算执行管理的通知	财政部	财教〔2011〕36号	2011年3月11日
156	关于进一步加强农村义务教育经费保障机制改革资金管理的若干意见	财政部、教育部	财教〔2009〕2号	2009年2月3日
157	关于印发《公益性行业科研专项经费管理试行办法》的通知	财政部、科技部	财教〔2006〕219号	2006年11月3日
158	关于确保农村义务教育经费投入 加强财政预算管理的通知	财政部、教育部	财教〔2006〕3号	2006年1月19日
159	关于颁发《全国体育场地维修专项补助经费管理办法》的通知	财政部、体育总局	财公字〔1999〕732号	1999年11月24日
160	关于颁发《全国体育高水平后备力量专项经费管理办法》的通知	财政部、体育总局	财公字〔1999〕731号	1999年11月24日

经济建设类

序号	文件名称	制定机关	文号	公布日期
161	关于印发《工业企业结构调整专项奖补资金管理办法》的通知	财政部	财建〔2018〕462号	2018年8月30日
162	关于做好成品油质量升级项目贷款贴息资金申报工作的通知	财政部、国家能源局	财建〔2016〕56号	2016年3月25日

207

续表

序号	文件名称	制定机关	文号	公布日期
163	关于开展2016年中央财政支持海绵城市建设试点工作的通知	财政部、住房城乡建设部、水利部	财办建〔2016〕25号	2016年2月25日
164	关于开展2016年中央财政支持地下综合管廊试点工作的通知	财政部、住房城乡建设部	财办建〔2016〕21号	2016年2月16日
165	关于"十三五"期间煤层气(瓦斯)开发利用补贴标准的通知	财政部	财建〔2016〕31号	2016年2月14日
166	关于调整节能家电和高效照明产品补贴资金的通知	财政部	财建〔2015〕1035号	2015年12月24日
167	关于继续实施玉米深加工财政补贴政策的通知	财政部	财建〔2015〕558号	2015年7月6日
168	关于按节能家电推广期实际销售量给予补贴的通知	财政部	财建〔2015〕470号	2015年6月3日
169	关于完善城市公交车成品油价格补助政策加快新能源汽车推广应用的通知	财政部、工业和信息化部、交通运输部	财建〔2015〕159号	2015年5月11日
170	关于开展以市场化方式促进知识产权运营服务工作的通知	财政部、国家知识产权局	财办建〔2014〕92号	2014年12月16日
171	关于新能源汽车充电设施建设奖励的通知	财政部、科技部、工业和信息化部、国家发展改革委	财建〔2014〕692号	2014年11月18日
172	关于开展物流标准化试点有关问题的通知	财政部、商务部、国家标准委	财办建〔2014〕64号	2014年9月25日

续表

序号	文件名称	制定机关	文号	公布日期
173	关于开展肉类蔬菜及中药材流通可追溯体系建设有关问题的通知	财政部、商务部	财办建〔2014〕63号	2014年9月25日
174	关于开展电子商务与流通快递协同发展试点有关问题的通知	财政部、商务部、国家邮政局	财办建〔2014〕68号	2014年9月23日
175	关于启动科技服务业创新发展试点的通知	财政部、科技部	财办建〔2014〕47号	2014年8月5日
176	关于开展以市场化方式发展养老服务产业试点的通知	财政部、商务部	财办建〔2014〕48号	2014年8月4日
177	关于开展新能源汽车推广应用及产业技术创新工程督查工作的通知	财政部	财办建〔2014〕40号	2014年7月22日
178	关于印发《东北玉米深加工企业竞购加工国家临时收储玉米补贴管理办法》的通知	财政部	财建〔2014〕375号	2014年7月15日
179	关于开展电子商务进农村综合示范的通知	财政部、商务部	财办建〔2014〕41号	2014年7月14日
180	关于印发《铁路机车车辆报废更新专项补贴资金管理办法》的通知	财政部	财建〔2014〕163号	2014年6月1日
181	关于印发《国家级经济技术开发区、国家级边境经济合作区等基础设施项目贷款中央财政贴息资金管理办法》的通知	财政部	财建〔2014〕81号	2014年4月28日

续表

序号	文件名称	制定机关	文号	公布日期
182	关于支持沈阳、长春等城市或区域开展新能源汽车推广应用工作的通知	财政部、科技部、工业和信息化部、国家发展改革委	财建〔2014〕10号	2014年1月27日
183	关于调整节能减排财政政策综合示范奖励资金分配和绩效评价办法的通知	财政部、国家发展改革委	财建〔2013〕926号	2013年12月31日
184	关于开展1.6升及以下节能环保汽车推广工作的通知	财政部、国家发展改革委、工业和信息化部	财建〔2013〕644号	2013年9月30日
185	关于印发《新能源汽车产业技术创新工程考核管理暂行办法》的通知	财政部、工业和信息化部、科技部	财建〔2013〕458号	2013年8月5日
186	关于印发《现代服务业综合试点工作绩效评价管理办法》的通知	财政部、商务部、国家发展改革委、科技部、工商总局	财建〔2012〕863号	2012年11月15日
187	关于完善可再生能源建筑应用政策及调整资金分配管理方式的通知	财政部、住房城乡建设部	财建〔2012〕604号	2012年8月21日
188	关于印发《电力需求侧管理城市综合试点工作中央财政奖励资金管理暂行办法》的通知	财政部、国家发展改革委	财建〔2012〕367号	2012年7月3日
189	关于印发《基本建设贷款中央财政贴息资金管理办法》的通知	财政部	财建〔2012〕95号	2012年3月19日
190	关于开展节能减排财政政策综合示范工作的通知	财政部、国家发展改革委	财建〔2011〕383号	2011年6月22日

续表

序号	文件名称	制定机关	文号	公布日期
191	关于进一步推进可再生能源建筑应用的通知	财政部、住房城乡建设部	财建〔2011〕61号	2011年3月8日
192	关于进一步深入开展北方采暖地区既有居住建筑供热计量及节能改造工作的通知	财政部、住房城乡建设部	财建〔2011〕12号	2011年1月21日
193	关于加强可再生能源建筑应用示范后续补助资金预算执行管理的补充通知	财政部、住房城乡建设部	财建〔2010〕944号	2010年11月28日
194	关于加强可再生能源建筑应用示范后续工作及预算管理的通知	财政部、住房城乡建设部	财建〔2010〕484号	2010年8月16日
195	关于加强可再生能源建筑应用城市示范和农村地区县级示范管理的通知	财政部、住房城乡建设部	财建〔2010〕455号	2010年8月4日
196	关于印发可再生能源建筑应用城市示范实施方案的通知	财政部、住房城乡建设部	财建〔2009〕305号	2009年7月6日
197	关于印发加快推进农村地区可再生能源建筑应用的实施方案的通知	财政部、住房城乡建设部	财建〔2009〕306号	2009年7月6日
198	关于印发《中央固定资产投资项目预算调整管理暂行办法》的通知	财政部	财建〔2007〕216号	2007年6月12日
199	关于加强可再生能源建筑应用示范管理的通知	财政部、建设部	财建〔2007〕38号	2007年2月13日

续表

序号	文件名称	制定机关	文号	公布日期
200	关于印发《中央预算内基建投资项目前期工作经费管理暂行办法》的通知	财政部	财建〔2006〕689号	2006年10月26日
201	关于印发《可再生能源建筑应用专项资金管理暂行办法》的通知	财政部、建设部	财建〔2006〕460号	2006年9月4日
202	关于印发《财政投资评审质量控制办法（试行）》的通知	财政部	财建〔2005〕1065号	2005年12月30日
203	关于开展中央政府投资项目预算绩效评价工作的指导意见	财政部	财建〔2004〕729号	2004年12月23日
204	关于解释《基本建设财务管理规定》执行中有关问题的通知	财政部	财建〔2003〕724号	2003年12月10日
205	关于印发《中央基本建设投资项目预算编制暂行办法》的通知	财政部	财建〔2002〕338号	2002年9月1日
206	关于印发《关于中央级"特种拨改贷"资金本息余额转为国家资本金的实施办法》的通知	财政部	财基字〔1999〕956号	1999年12月9日
207	关于将中央级基本建设经营性基金本息余额转为国家资本金有关财务处理的通知	财政部	财基字〔1998〕170号	1998年5月15日
208	关于城市规划设计单位执行《事业单位财务规则》有关问题的通知	财政部、建设部	财工字〔1998〕22号	1998年2月27日

续表

序号	文件名称	制定机关	文号	公布日期
209	关于下发《生猪活体储备财务管理暂行办法》的通知	财政部	财商字〔1997〕9号	1997年1月7日
210	关于将部分企业拨改贷资金本息余额转为国家资本金有关财务处理办法的通知	财政部	财基字〔1995〕747号	1995年11月9日

社会保障类

序号	文件名称	制定机关	文号	公布日期
211	关于印发《中央财政支持居家和社区养老服务改革试点补助资金管理办法》的通知	财政部、民政部	财社〔2017〕2号	2017年2月10日
212	关于印发《专业技术人才知识更新工程国家级继续教育基地补助经费管理办法》的通知	财政部、人力资源社会保障部	财行〔2014〕6号	2014年3月21日
213	关于加强城镇居民基本医疗保险基金和财政补助资金管理有关问题的通知	财政部、人力资源社会保障部	财社〔2008〕116号	2008年6月26日
214	关于建立新型农村合作医疗风险基金的意见	财政部、卫生部	财社〔2004〕96号	2004年10月22日
215	关于原行业统筹企业职工基本养老保险移交地方管理有关问题处理意见的通知	财政部、劳动和社会保障部	财社〔2001〕71号	2001年8月30日

续表

序号	文件名称	制定机关	文号	公布日期
216	关于进一步做好部分中央直属困难企业基本养老保险统筹工作的通知	财政部、劳动和社会保障部	财社字〔2000〕6号	2000年1月24日
217	关于解决拖欠企业离退休人员基本养老金有关问题的通知	财政部、劳动和社会保障部	财社字〔1999〕132号	1999年9月1日
218	关于煤炭、有色企业缴纳基本养老保险费有关问题的通知	财政部、劳动和社会保障部	财社字〔1999〕42号	1999年5月31日
219	关于对企业职工养老保险基金失业保险基金管理中有关违纪问题处理意见的补充通知	财政部、劳动和社会保障部	财社字〔1999〕22号	1999年3月3日
220	关于清理和移交行业统筹基本养老保险基金有关问题的通知	财政部、劳动和社会保障部	财社字〔1998〕88号	1998年8月28日
221	关于对企业职工养老保险基金失业保险基金管理中有关违纪问题处理意见的通知	财政部、劳动和社会保障部、审计署、国家计委、中国人民银行、国家工商行政管理局	财社字〔1998〕52号	1998年7月3日

资源环境类

序号	文件名称	制定机关	文号	公布日期
222	关于加强污染防治资金管理 支持打赢疫情防控阻击战的通知	财政部、生态环境部	财资环〔2020〕3号	2020年2月20日

续表

序号	文件名称	制定机关	文号	公布日期
223	关于2012年整合和统筹资金支持木本油料产业发展的意见	财政部、农业部	财农〔2012〕11号	2012年3月15日

农业农村类

序号	文件名称	制定机关	文号	公布日期
224	关于印发《开展农村综合性改革试点试验实施方案》的通知	财政部	财农〔2017〕53号	2017年6月5日
225	关于做好财政支农资金支持资产收益扶贫工作的通知	财政部、农业部、国务院扶贫办	财农〔2017〕52号	2017年5月31日
226	关于支持多种形式适度规模经营促进转变农业发展方式的意见	财政部	财农〔2015〕98号	2015年7月9日
227	关于印发《中央财政农村土地承包经营权确权登记颁证补助资金管理办法》的通知	财政部	财农〔2015〕1号	2015年1月28日
228	关于充分发挥乡镇监督管理支农资金作用的意见	财政部	财办农〔2011〕53号	2011年9月13日
229	关于印发《财政扶贫资金报帐制管理办法》(试行)的通知	财政部	财农〔2001〕93号	2001年8月2日

资产管理类

序号	文件名称	制定机关	文号	公布日期
230	关于部署行政事业单位资产管理信息系统(二期)的通知	财政部	财办〔2013〕51号	2013年12月18日

续表

序号	文件名称	制定机关	文号	公布日期
231	关于开展事业单位及事业单位所办企业国有资产产权登记与发证工作的通知	财政部	财教函〔2013〕243号	2013年12月11日
232	关于开展中央级事业单位及事业单位所办企业国有资产产权登记与发证工作的通知	财政部	财教函〔2013〕241号	2013年12月11日
233	关于进一步加强中央行政单位新增资产配置预算管理有关问题的通知	财政部	财行〔2010〕293号	2010年9月1日
234	关于印发行政事业单位资产管理信息系统统计报表有关问题的通知	财政部	财办行〔2010〕31号	2010年4月27日

国际财金合作类

序号	文件名称	制定机关	文号	公布日期
235	关于印发《中国经济改革实施技术援助项目管理暂行办法》补充规定及附件修订本的通知	财政部	财际〔2008〕27号	2008年3月20日
236	关于亚洲开发银行业务划归财政部管理的通知	财政部、外交部	财际字〔1998〕49号	1998年9月14日

会计及注册会计师管理类

序号	文件名称	制定机关	文号	公布日期
237	关于印发《新旧社会保险基金会计制度有关衔接问题的处理规定》的通知	财政部	财会〔2017〕29号	2017年11月28日
238	关于印发《会计改革与发展"十三五"规划纲要》的通知	财政部	财会〔2016〕19号	2016年10月8日
239	关于印发《新旧中小学校会计制度有关衔接问题的处理规定》的通知	财政部	财会〔2014〕5号	2014年1月27日
240	关于印发《新旧科学事业单位会计制度有关衔接问题的处理规定》的通知	财政部	财会〔2014〕4号	2014年1月27日
241	关于印发《新旧高等学校会计制度有关衔接问题的处理规定》的通知	财政部	财会〔2014〕3号	2014年1月23日
242	关于印发《彩票机构新旧会计制度有关衔接问题的处理规定》的通知	财政部	财会〔2014〕2号	2014年1月23日
243	关于印发《可再生能源电价附加有关会计处理规定》的通知	财政部	财会〔2012〕24号	2012年12月27日
244	关于进一步加强协会规范化建设若干事项的通知	中国注册会计师协会	会协〔2012〕209号	2012年9月21日
245	关于印发《会计改革与发展"十二五"规划纲要》的通知	财政部	财会〔2011〕19号	2011年9月9日

续表

序号	文件名称	制定机关	文号	公布日期
246	关于印发会计行业中长期人才发展规划（2010—2020年）的通知	财政部	财会〔2010〕19号	2010年9月21日
247	关于印发《各地注协认领新业务领域拓展重点推动项目表》的通知	中国注册会计师协会	会协〔2010〕52号	2010年7月20日
248	关于做好贯彻实施新《工会会计制度》准备工作的通知	财政部、全国总工会	财会〔2009〕10号	2009年7月10日
249	关于印发工会会计制度 工会新旧会计制度有关衔接问题的处理规定的通知	财政部	财会〔2009〕7号	2009年5月31日
250	关于当前经济形势下服务经济发展大局促进行业平稳发展的意见	中国注册会计师协会	会协〔2009〕26号	2009年4月7日
251	关于认真贯彻实施《民间非营利组织会计制度》的通知	财政部、民政部	财会〔2004〕17号	2004年10月28日
252	关于印发《民间非营利组织新旧会计制度有关衔接问题的处理规定》的通知	财政部	财会〔2004〕13号	2004年10月19日
253	关于开展会计职业道德宣传教育工作的通知	财政部	财会〔2003〕5号	2003年3月5日
254	关于会计师事务所资产评估机构新旧会计核算办法衔接问题的通知	中国注册会计师协会	会协〔2002〕310号	2002年11月27日

续表

序号	文件名称	制定机关	文号	公布日期
255	国家电力公司执行《工业企业会计制度》有关基建业务会计处理办法	财政部	财会字〔1997〕18号	1997年5月24日

监督评价类

序号	文件名称	制定机关	文号	公布日期
256	关于进一步加强注册会计师行业行政监督工作的意见	财政部	财监〔2010〕50号	2010年6月1日
257	关于进一步做好证券资格会计师事务所行政监督工作的通知	财政部	财监〔2009〕6号	2009年2月3日

城乡规划编制单位资质管理办法

（2024年1月24日自然资源部令第11号公布 自公布之日起施行 国司备字[2024010301]）

第一条 为贯彻落实党中央"多规合一"改革精神，提升国土空间规划编制的科学性，促进行业规范发展，根据《中华人民共和国土地管理法》《中华人民共和国城乡规划法》《中华人民共和国土地管理法实施条例》等法律法规，制定本办法。

第二条 国家建立国土空间规划体系，将主体功能区规划、土地利用规划、城乡规划等空间类规划融合为统一的国土空间规划。

在中华人民共和国境内从事国土空间规划编制工作的单位，应当取得相应等级的城乡规划（国土空间规划）编制单位资质，并在资质等级规定的范围内承担业务。

第三条 国务院自然资源主管部门负责全国城乡规划（国土空间规划）编制单位资质的监督管理工作。

县级以上地方人民政府自然资源主管部门负责本行政区域内城乡规划

(国土空间规划)编制单位资质的监督管理工作。

第四条 城乡规划(国土空间规划)编制单位资质分为甲、乙两级。

甲级资质由国务院自然资源主管部门审批,乙级资质由登记注册所在地的省级人民政府自然资源主管部门审批。

初次申请应当申请乙级资质;取得乙级资质证书满两年,可以申请甲级资质。

国务院自然资源主管部门建立全国城乡规划(国土空间规划)编制单位管理信息系统,依托该系统开展资质申报、审核、核查及日常监管等工作,提升信息化管理水平。

第五条 申请甲级资质,应当符合下列条件:

(一)有法人资格;

(二)专业技术人员不少于40人。其中,具有城乡规划、土地规划管理相关专业高级技术职称的分别不少于1人,共不少于5人;具有道路交通、给水排水、建筑、电力电信、燃气热力、地理、风景园林、生态环境、经济、地理信息、海洋、测绘、林草、地质相关专业高级技术职称的总人数不少于5人,且不少于4个专业类别。具有城乡规划、土地规划管理相关专业中级技术职称的分别不少于2人,共不少于10人;具有其他专业中级技术职称的不少于15人,其中具有道路交通、给水排水、建筑、电力电信、燃气热力、地理、风景园林、生态环境、经济、地理信息、海洋、测绘、林草、地质相关专业中级技术职称的总人数不少于10人;

(三)注册城乡规划师不少于10人;

(四)有400平方米以上的固定工作场所,以及完善的技术、质量、安全、保密、档案、财务管理制度;

(五)在申请之日前5年内应当牵头或者独立承担并完成相关空间类规划项目不少于5项,且项目总经费不低于600万元。成立不满5年的,业绩要求按已满年度等比例计算。

第六条 申请乙级资质,应当符合下列条件:

(一)有法人资格;

(二)专业技术人员不少于20人。其中具有城乡规划、土地规划管理相关专业高级技术职称的分别不少于1人;具有道路交通、给水排水、建筑、电力电信、燃气热力、地理、风景园林、生态环境、经济、地理信息、海洋、测绘、林草、地质相关专业高级技术职称的总人数不少于2人。具有城乡规划、土地规划管理相关专业中级技术职称的分别不少于1人,共不少于5人;具有其他专业中级技术职称的不少于10人,其中具有道路交通、给水排水、建筑、电力电信、燃气热力、地理、风景园林、生态环境、经济、地理信息、海洋、测绘、林草、地质相关专业中级技术职称的总人数不少于5人；

（三）注册城乡规划师不少于3人；

（四）有200平方米以上的固定工作场所，以及完善的技术、质量、安全、保密、档案、财务管理制度。

第七条 城乡规划（国土空间规划）编制单位可以聘用70周岁以下的退休高级职称技术人员或者注册城乡规划师，甲级资质单位不超过2人，乙级资质单位不超过1人。

隶属于高等院校的规划编制单位，专职技术人员不得低于技术人员总数的70%；其他规划编制单位的专业技术人员应当全部为本单位专职人员。

第八条 城乡规划（国土空间规划）编制单位资质审批实行全流程网上办理，申请人应当提交下列材料：

（一）申请表；

（二）营业执照或者事业单位法人证书；

（三）法定代表人的身份证明、任职文件；

（四）主要技术负责人的身份证明、任职文件、学历证书、职称证书等；

（五）专业技术人员的身份证明、执业资格证明、学历证书、职称证书、劳动合同、申请前连续三个月在本单位缴纳社会保险记录、退休证等；

（六）工作场所证明材料。

除前款规定的条件外，申请甲级资质的，还应当按照本办法要求提交牵头承担并完成的相关规划业绩情况；申请乙级资质的，根据实际提交相关业绩情况。

第九条 自然资源主管部门收到申请后，应当根据下列情形分别作出处理：

（一）申请材料齐全并符合法定形式的，应当决定受理并出具受理凭证；

（二）申请材料不齐全或者不符合法定形式的，应当在5日内一次性告知申请人需要补正的全部内容，逾期不告知的，自收到申请材料之日起即为受理；

（三）申请事项依法不属于本机关职责范围的，应当即时作出不予受理的决定，并告知申请人向有关行政机关申请。

第十条 自然资源主管部门应当自受理申请之日起15个工作日内作出决定并及时公告，根据需要可以组织专家对申请材料进行评审，必要时可以组织实地核查。

省级人民政府自然资源主管部门应当自乙级资质审批决定作出之日起30

日内,将审批情况录入全国城乡规划(国土空间规划)编制单位管理信息系统。

第十一条 城乡规划(国土空间规划)编制单位资质证书有效期为5年。乙级资质的有效期可以根据实际情况适当调整。

城乡规划(国土空间规划)编制单位资质证书分为纸质证书和电子证书,电子证书和纸质证书具有同等法律效力。纸质证书正本、副本各一份,由国务院自然资源主管部门统一印制,纸质证书遗失或者损毁的,不再补发。

第十二条 资质证书有效期届满需要延续的,规划编制单位应当在有效期届满6个月前向原审批自然资源主管部门提出申请,并按照本办法第八条的要求提交申请材料。

规划编制单位按要求提出延续申请后,自然资源主管部门应当在资质证书有效期届满前作出是否准予延续的决定;逾期未作出决定的,视为准予延续。

第十三条 资质证书有效期内,单位名称、地址、法定代表人等发生变更的,应当在办理相关变更手续后30日内向原审批自然资源主管部门申请办理资质证书变更手续。

第十四条 申请资质证书变更,应当符合相应的资质等级条件,并提交下列材料:

(一)资质证书变更申请;

(二)变更后的营业执照或者事业单位法人证书;

(三)其他与资质变更事项有关的证明材料。

第十五条 规划编制单位合并的,合并后存续或者新设立的编制单位可以承继合并前各单位中较高的资质等级,但应当符合相应的资质等级条件,并按照本办法重新核定。

规划编制单位分立的,分立后的单位资质等级,根据实际达到的资质条件,按照本办法重新核定。

规划编制单位改制,改制后不再符合原资质条件的,应当按照其实际达到的资质条件重新核定其资质等级;资质等级未发生变化的,按照本办法第十四条规定办理。

第十六条 规划编制单位设立的分支机构,具有独立法人资格的,应当按照本办法规定申请资质证书。不具有独立法人资格的,不得以分支机构名义承担规划编制业务。

第十七条 甲级城乡规划(国土空间规划)编制单位承担国土空间规划编制业务的范围不受限制。

乙级城乡规划(国土空间规划)编制单位可以在全国范围内承担下列业务:

（一）城区常住人口20万以下市县国土空间总体规划、乡镇国土空间总体规划的编制；

（二）乡镇、登记注册所在地城市和城区常住人口100万以下城市，法律法规对于规划编制单位资质有特定要求的有关专项规划的编制；

（三）详细规划的编制；

（四）建设项目规划选址和用地预审阶段相关论证报告的编制。

国土空间规划编制组织机关应当委托具有相应资质的规划编制单位承担具体规划编制业务。涉及军事、军工、国家安全要害部门、关键位置的涉密项目委托，国土空间规划编制组织机关应当强化保密管理。

第十八条 规划编制单位提交的国土空间规划编制成果，应当符合有关法律、法规和规章的规定，符合有关标准、规范和上级国土空间规划的强制性内容。

规划编制单位应当在规划编制成果文本扉页注明牵头单位资质等级和证书编号。规划编制单位及其项目负责人、技术负责人对规划编制成果是否符合上述要求终身负责。

两个及以上规划编制单位合作编制国土空间规划，由牵头单位对编制成果质量负总责，其他单位按照合同约定承担相应责任。

第十九条 国务院自然资源主管部门建立城乡规划（国土空间规划）编制单位信用记录，并向社会公开规划编制单位基本信息、接受行政处罚等情况。

规划编制单位应当及时更新全国城乡规划（国土空间规划）编制单位管理信息系统中的单位基本情况、人员信息、业绩、合同履约、接受行政处罚等情况，并向有关自然资源主管部门提供真实、准确、完整的信用信息。

第二十条 县级以上人民政府自然资源主管部门应当充分运用大数据等技术手段，加强对规划编制单位的风险预警和信用监管，提升监管精准化、智能化水平。

第二十一条 县级以上人民政府自然资源主管部门依法对规划编制单位进行检查，应当有2名以上监督检查人员参加，有权采取下列措施：

（一）要求被检查单位提供资质证书，有关人员的职称证书、注册证书、学历证书、社会保险证明等，有关国土空间规划编制成果以及有关技术管理、质量管理、保密管理、档案管理、财务管理、安全管理等企业内部管理制度文件；

（二）进入被检查单位进行检查，查阅相关资料；

（三）纠正违反有关法律、法规和本办法以及有关规范、标准的行为。

第二十二条 对规划编制单位实施监督检查，不得妨碍被检查单位正常的生产经营活动，不得索取或者收受财物，不得谋取其他利益。有关单位和个人对依法进行的监督检查应当协助与配合。

县级以上人民政府自然资源主管部门应当将监督检查情况和处理结果予以记录,由监督检查人员签字后归档,并将违法事实、处理结果或者处理建议及时告知批准该规划编制单位资质的自然资源主管部门。

第二十三条 有下列情形之一的,原审批自然资源主管部门或者其上级机关,根据利害关系人的请求或者依据职权,依照《行政许可法》第六十九条的规定撤销规划编制单位的资质:

(一)自然资源主管部门工作人员滥用职权、玩忽职守同意批准资质的;

(二)超越法定职权审批资质的;

(三)违反法定程序审批资质的;

(四)对不符合条件的申请人同意批准资质的;

(五)依法可以撤销资质证书的其他情形。

第二十四条 有下列情形之一的,自然资源主管部门应当依照《行政许可法》第七十条的规定注销规划编制单位的资质,并公告其资质证书作废:

(一)资质证书有效期届满未申请延续的;

(二)规划编制单位依法终止的;

(三)资质依法被撤销、吊销的;

(四)法律、法规规定应当注销资质的其他情形。

第二十五条 自然资源主管部门发现申请人隐瞒有关情况或者提供虚假材料申请资质的,不予受理申请或者不予同意资质审批,并给予警告,1年内不得再次申请资质。

以欺骗、贿赂等不正当手段取得资质证书的,由原审批自然资源主管部门吊销其资质证书,并处10万元罚款,3年内不得再次申请资质。

第二十六条 涂改、倒卖、出租、出借或者以其他形式非法转让资质证书的,由县级以上地方人民政府自然资源主管部门给予警告,责令限期改正,并处10万元罚款;造成损失的,依法承担赔偿责任;涉嫌构成犯罪的,依法追究刑事责任。

第二十七条 规划编制单位超越资质等级承担国土空间规划编制业务,或者违反国家有关标准编制国土空间规划的,由所在地市、县人民政府自然资源主管部门责令限期改正,处以项目合同金额1倍以上2倍以下的罚款;情节严重的,责令停业整顿,由原审批自然资源主管部门降低其资质等级或者吊销资质证书;造成损失的,依法承担赔偿责任。

未取得资质或者以欺骗等手段取得资质的单位,违法承担国土空间规划编制业务的,依照前款规定处以罚款;造成损失的,依法承担赔偿责任。

第二十八条 规划编制单位未按照本办法要求及时更新全国城乡规划(国土空间规划)编制单位管理信息系统相关信息的,由县级以上地方人民政府自然资源主管部门责令限期改正;逾期未改正的,可以处1000元以上1万元以下的罚款。

第二十九条 自然资源主管部门应当采取措施,加强对规划编制单位的批后监管。规划编制单位取得资质后不再符合相应资质条件的,由原审批自然资源主管部门责令限期改正,整改到位前作为风险提示信息向社会公开;逾期不改正的,降低其资质等级或者吊销资质证书。

第三十条 自然资源主管部门及其工作人员,违反本办法,有下列情形之一的,依法给予处分;涉嫌构成犯罪的,依法追究刑事责任:

(一)对不符合条件的申请人同意批准资质或者超越法定职权批准资质的;

(二)对符合法定条件的申请人不予同意资质审批或者未在法定期限内作出同意审批决定的;

(三)对符合条件的申请不予受理的;

(四)利用职务上的便利,索取或者收受他人财物或者谋取其他利益的;

(五)不依法履行监督职责或者监督不力,造成严重后果的。

第三十一条 本办法施行之前,取得自然资源主管部门核发城乡规划编制单位资质证书的单位和列入土地规划机构推荐名录的土地规划编制单位,2025年12月31日前可以按照相关要求承担相关国土空间规划编制业务。

第三十二条 本办法自公布之日起施行。

附：

2024年2月份报国务院备案并予以登记的地方性法规、自治条例、单行条例和地方政府规章目录

地方性法规

法规名称	公布日期	备案登记编号
北京国际科技创新中心建设条例	2024年1月25日	国司备字[2024010306]
天津市道路运输条例	2024年1月16日	国司备字[2024010339]
天津市职业教育产教融合促进条例	2024年1月16日	国司备字[2024010340]
天津市人才发展促进条例	2024年1月26日	国司备字[2024010341]
河北省民用建筑装饰装修安全管理若干规定	2024年1月14日	国司备字[2024010292]
河北省防汛避险人员转移条例	2024年1月14日	国司备字[2024010293]
河北省人民代表大会议事规则	2024年1月24日	国司备字[2024010294]
唐山市人民代表大会常务委员会关于修改《唐山市地方公路条例》和《唐山市城市绿化管理条例》的决定	2023年12月5日	国司备字[2024010235]
太原市消防条例	2024年1月19日	国司备字[2024010322]
晋城市城市供水管理条例	2024年1月30日	国司备字[2024010344]
忻州市人民代表大会常务委员会议事规则	2024年1月29日	国司备字[2024010325]

续表

法规名称	公布日期	备案登记编号
忻州市亚高山草甸保护条例	2024年1月29日	国司备字[2024010326]
长治市见义勇为人员奖励和保障条例	2024年2月1日	国司备字[2024010343]
临汾市晋西太德塬生态保护条例	2024年1月27日	国司备字[2024010345]
内蒙古自治区人民代表大会关于修改《内蒙古自治区人民代表大会及其常务委员会立法条例》的决定	2024年2月2日	国司备字[2024010316]
辽宁省文明行为促进条例	2024年1月26日	国司备字[2024010307]
黑龙江省黑土地保护利用条例	2024年1月4日	国司备字[2024010236]
黑龙江省反家庭暴力条例	2024年1月4日	国司备字[2024010237]
黑龙江省乡村振兴促进条例	2024年1月4日	国司备字[2024010238]
黑龙江省民营经济发展促进条例	2024年1月4日	国司备字[2024010239]
黑龙江省边境管理条例	2024年1月4日	国司备字[2024010240]
黑龙江省人民代表大会关于修改《黑龙江省人民代表大会及其常务委员会立法条例》的决定	2024年1月27日	国司备字[2024010346]
齐齐哈尔市违法建设治理条例	2023年12月27日	国司备字[2024010241]
佳木斯市红色文化资源保护利用条例	2023年12月25日	国司备字[2024010242]
鹤岗市文明祭祀条例	2023年12月24日	国司备字[2024010243]

续表

法规名称	公布日期	备案登记编号
绥化市城市供水用水管理条例	2023年12月28日	国司备字[2024010244]
上海市发展方式绿色转型促进条例	2023年12月28日	国司备字[2024010287]
上海市推进国际贸易中心建设条例	2023年12月28日	国司备字[2024010288]
上海市人民代表大会常务委员会关于修改《上海市人民代表大会常务委员会关于 区县和乡镇人民代表大会工作的若干规定》等5件地方性法规和废止《上海市预防职务犯罪工作若干规定》的决定	2023年12月28日	国司备字[2024010290]
上海市人民代表大会常务委员会关于修改《上海市养老服务条例》等12件地方性法规和废止《上海市保护和发展邮电通信规定》等6件地方性法规的决定	2023年12月28日	国司备字[2024010310]
江苏省红色资源保护利用条例	2024年1月12日	国司备字[2024010352]
江苏省职业病防治条例	2024年1月12日	国司备字[2024010353]
江苏省湿地保护条例	2024年1月12日	国司备字[2024010354]
江苏省人民代表大会关于修改《江苏省制定和批准地方性法规条例》的决定	2024年1月26日	国司备字[2024010355]
江苏省食品安全条例	2024年1月26日	国司备字[2024010356]
南京市科学技术进步条例	2024年1月23日	国司备字[2024010357]
南京市燃气管理条例	2024年1月23日	国司备字[2024010358]
苏州市乡村建设条例	2024年1月26日	国司备字[2024010359]

续表

法规名称	公布日期	备案登记编号
苏州市洞庭山碧螺春茶保护条例	2024年1月26日	国司备字[2024010360]
无锡市和美乡村条例	2024年1月29日	国司备字[2024010361]
无锡市教育督导条例	2024年1月29日	国司备字[2024010362]
徐州市城市地下空间开发利用管理条例	2024年1月22日	国司备字[2024010363]
常州市生活垃圾分类管理条例	2024年1月22日	国司备字[2024010364]
扬州市住宅电梯安全管理条例	2024年1月24日	国司备字[2024010365]
扬州市产业科创促进条例	2024年1月24日	国司备字[2024010366]
泰州市城市快速路管理条例	2024年1月29日	国司备字[2024010367]
连云港市住宅小区装饰装修管理条例	2024年1月22日	国司备字[2024010368]
淮安市人民代表大会常务委员会关于修改《淮安市市容管理条例》的决定	2024年1月29日	国司备字[2024010369]
宿迁市产业工人服务条例	2024年1月22日	国司备字[2024010370]
浙江省优化营商环境条例	2024年1月26日	国司备字[2024010312]
杭州市农村公路条例	2024年1月2日	国司备字[2024010313]
嘉兴市城乡网格化服务管理条例	2024年1月8日	国司备字[2024010314]
福建省人民代表大会关于修改《福建省人民代表大会及其常务委员会立法条例》的决定	2024年1月27日	国司备字[2024010315]

续表

法规名称	公布日期	备案登记编号
厦门经济特区鼓励台湾青年来厦就业创业若干规定	2023年12月26日	国司备字〔2024010257〕
江西省数据应用条例	2023年11月30日	国司备字〔2024010279〕
江西省农作物种子条例	2023年11月30日	国司备字〔2024010280〕
宜春市人民代表大会常务委员会关于修改《宜春市城市市容和环境卫生管理条例》的决定	2023年12月15日	国司备字〔2024010281〕
萍乡市萍水河—渌水流域协同保护条例	2023年12月14日	国司备字〔2024010282〕
鹰潭市优化营商环境若干规定	2023年12月18日	国司备字〔2024010285〕
河南省人民代表大会议事规则	2024年2月1日	国司备字〔2024010347〕
河南省人民代表大会关于修改《河南省地方立法条例》的决定	2024年2月1日	国司备字〔2024010348〕
湖南省人民代表大会关于修改《湖南省地方立法条例》的决定	2024年1月28日	国司备字〔2024010309〕
南沙深化面向世界的粤港澳全面合作条例	2024年1月19日	国司备字〔2024010302〕
广东省制造业高质量发展促进条例	2024年1月19日	国司备字〔2024010303〕
广东省人民代表大会常务委员会关于废止《广东省行政复议工作规定》的决定	2024年1月19日	国司备字〔2024010304〕
广东省人民代表大会常务委员会关于修改《广东省道路运输条例》等四项地方性法规的决定	2024年1月19日	国司备字〔2024010305〕
广州市公共场所外语标识管理规定	2024年1月4日	国司备字〔2024010275〕

续表

法规名称	公布日期	备案登记编号
深圳市人民代表大会常务委员会关于修改《深圳市制定法规条例》的决定	2024年1月11日	国司备字[2024010276]
韶关市城市绿地管理条例	2024年2月4日	国司备字[2024010349]
梅州市人民代表大会常务委员会关于修改《梅州市城市市容和环境卫生管理条例》的决定	2024年2月2日	国司备字[2024010350]
东莞市优化营商环境条例	2024年1月12日	国司备字[2024010277]
中山市工业固体废物污染环境防治条例	2024年1月31日	国司备字[2024010351]
湛江市红树林湿地保护条例	2024年1月5日	国司备字[2024010291]
揭阳市停车场管理条例	2024年1月5日	国司备字[2024010278]
汕尾市乡村振兴示范带条例	2023年12月29日	国司备字[2024010271]
广西壮族自治区生态文明建设促进条例	2024年1月26日	国司备字[2024010295]
海南省人民代表大会关于修改《海南省制定与批准地方性法规条例》的决定	2024年1月27日	国司备字[2024010308]
重庆市地方立法条例	2024年1月24日	国司备字[2024010274]
贵州省人民代表大会关于修改《贵州省地方立法条例》的决定	2024年1月28日	国司备字[2024010311]
云南省人民代表大会关于修改《云南省人民代表大会及其常务委员会立法条例》的决定	2024年1月28日	国司备字[2024010342]
西藏自治区实施《中华人民共和国土地管理法》办法	2024年1月24日	国司备字[2024010327]
西藏自治区实施《中华人民共和国未成年人保护法》办法	2024年1月24日	国司备字[2024010328]

续表

法规名称	公布日期	备案登记编号
山南市农牧区人居环境治理条例	2024年1月26日	国司备字[2024010329]
汉中市机动车停车场管理条例	2023年12月29日	国司备字[2024010273]
青海省人民代表大会常务委员会关于修改《青海省实施〈中华人民共和国集会游行示威法〉办法》等2部地方性法规的决定	2024年1月16日	国司备字[2024010317]
青海省人民代表大会及其常务委员会立法条例	2024年1月28日	国司备字[2024010318]
西宁市生态环境保护条例	2023年12月20日	国司备字[2024010234]
宁夏回族自治区人民代表大会关于废止《宁夏回族自治区执行〈中华人民共和国婚姻法〉的补充规定》的决定	2024年1月26日	国司备字[2024010371]
银川市人民代表大会常务委员会关于修改《银川市全民义务植树条例》等四件地方性法规的决定	2024年1月30日	国司备字[2024010372]

地方政府规章

规章名称	公布日期	备案登记编号
保定市政府规章制定程序规定	2024年1月18日	国司备字[2024010332]
保定市物业管理办法	2024年1月18日	国司备字[2024010333]
保定市电动自行车消防安全管理办法	2024年1月18日	国司备字[2024010334]
关于废止和修改部分政府规章的决定	2023年12月28日	国司备字[2024010268]

续表

规章名称	公布日期	备案登记编号
呼伦贝尔市破坏野生植物违法行为查处办法	2024年1月18日	国司备字[2024010319]
抚顺市人民政府关于废止部分市政府规章的决定	2024年1月29日	国司备字[2024010300]
营口市城市市政设施管理办法	2023年12月25日	国司备字[2024010269]
营口市人民政府关于宣布废止、修改部分市政府规章和行政规范性文件的决定	2024年1月5日	国司备字[2024010270]
黑河市人民政府关于公布《赋予中国(黑龙江)自由贸易试验区黑河片区市级行政权力事项指导目录》的决定	2024年1月10日	国司备字[2024010265]
上海市森林管理规定	2024年1月22日	国司备字[2024010284]
苏州市残疾预防和残疾人康复实施办法	2024年1月18日	国司备字[2024010264]
无锡市历史建筑保护管理办法	2024年1月18日	国司备字[2024010324]
宿迁市住宅区人民防空工程平时使用和维护管理规定	2024年1月3日	国司备字[2024010266]
浙江省公平竞争审查办法	2024年1月13日	国司备字[2024010255]
安庆市市区机动车停车场管理办法	2024年1月28日	国司备字[2024010259]
马鞍山市人民政府关于修改《马鞍山市住宅小区物业管理实施办法》的决定	2024年1月28日	国司备字[2024010321]
福建省税费征管和服务保障办法	2024年1月5日	国司备字[2024010338]
山东省人民政府关于修改和废止部分省政府规章的决定	2024年1月4日	国司备字[2024010253]
山东省小清河交通管理办法	2024年1月7日	国司备字[2024010254]

续表

规章名称	公布日期	备案登记编号
三门峡市居民住宅区消防安全管理办法	2023年12月25日	国司备字[2024010320]
武汉市人民政府关于修改《武汉市建设工程项目配套绿地面积审核管理办法》的决定	2024年1月18日	国司备字[2024010335]
鄂州市观音阁保护管理办法	2024年1月12日	国司备字[2024010252]
株洲市人民政府关于修改《株洲市城市绿化管理办法》《株洲市城市建筑垃圾管理办法》的决定	2023年12月5日	国司备字[2024010251]
株洲市人民政府关于修改《株洲市城市户外广告设置管理办法》的决定	2023年12月30日	国司备字[2024010262]
株洲市城市照明管理办法	2023年12月30日	国司备字[2024010263]
广东省人民政府关于废止和修改部分省政府规章的决定	2024年1月16日	国司备字[2024010283]
广州市南沙区市场主体登记确认制实施办法	2024年1月16日	国司备字[2024010330]
广州市公共厕所管理办法	2024年1月26日	国司备字[2024010331]
韶关市古树名木保护管理办法	2024年1月27日	国司备字[2024010337]
肇庆市公共法律服务促进办法	2024年1月7日	国司备字[2024010296]
肇庆市控制和查处违法建设办法	2024年1月26日	国司备字[2024010336]
来宾市人民政府关于修改《来宾市规章制定办法》的决定	2024年1月19日	国司备字[2024010299]
重庆市人民政府关于修改《重庆市关于开展对部分个人住房征收房产税改革试点的暂行办法》和《重庆市个人住房房产税征收管理实施细则》的决定	2024年1月21日	国司备字[2024010261]

续表

规章名称	公布日期	备案登记编号
四川省行政裁量权基准管理规定	2024年1月12日	国司备字〔2024010267〕
四川省无线电管理办法	2024年1月20日	国司备字〔2024010297〕
四川省农村住房建设管理办法	2024年1月24日	国司备字〔2024010298〕
云南省内部审计工作规定	2024年1月14日	国司备字〔2024010256〕
云南省消防技术服务管理规定	2024年1月14日	国司备字〔2024010258〕
西藏自治区农村住房建设管理办法	2023年12月30日	国司备字〔2024010245〕
西藏自治区林地保护管理办法	2023年12月30日	国司备字〔2024010246〕
吴忠市城镇居民二次供水管理办法	2024年1月18日	国司备字〔2024010323〕

图书在版编目(CIP)数据

中华人民共和国新法规汇编. 2024年. 第3辑 : 总第325辑 / 司法部编. -- 北京 : 中国法制出版社, 2024.8. -- ISBN 978-7-5216-4658-0

Ⅰ．D920.9

中国国家版本馆CIP数据核字第2024SL9051号

中华人民共和国新法规汇编
ZHONGHUA RENMIN GONGHEGUO XIN FAGUI HUIBIAN
（2024年第3辑）

编者/司法部

经销/新华书店
印刷/三河市紫恒印装有限公司
开本/850毫米×1168毫米　32开　　　　　　　印张/7.5　字数/180千
版次/2024年8月第1版　　　　　　　　　　　　2024年8月第1次印刷

中国法制出版社出版

书号 ISBN 978-7-5216-4658-0　　　　　　　　　定价:18.00元

北京市西城区西便门西里甲16号西便门办公区
邮政编码:100053　　　　　　　　　　　　　　传真:010-63141600
网址:http://www.zgfzs.com　　　　　　　　　编辑部电话:010-63141663
市场营销部电话:010-63141612　　　　　　　　印务部电话:010-63141606
（如有印装质量问题，请与本社印务部联系）